Ex libris Recollectorum Conventus Parisiensis.

LETTRE
D'UN
PHILOSOPHE
A UN
CARTESIEN
DE SES AMIS.

par le p. pardies gesuite. ou par le
Le P.
rochon
En jesuit
te.
Cette
piece
en excellente

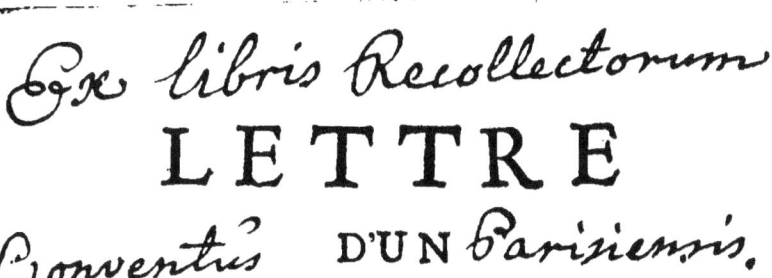

A PARIS,
Chez THOMAS JOLLY, au Palais en la galerie
des Merciers, à la Palme, & en son magazin ruë
S. Jacques, aux armes d'Hollande.

―――――――――

M. DC. LXXII.
AVEC PRIVILEGE DV ROY.

Extraict du Privilege du Roy.

PAr grace & Privilege du Roy donné à Saint Germain le 17. jour de Decembre 1671. il eſt permis à THOMAS JOLLY Marchand Libraire à Paris, de faire imprimer un Livre intitulé, *Lettre d'un Philoſophe à un Carteſien de ſes amis* : & deffenſes ſont faites a tous autres de l'imprimer, vendre & debiter d'autres Exemplaires que de l'Expoſant pendant cinq années, à compter du jour que la premiere impreſſion ſera parachevée, ſur les peines & amandes portées par ledit Privilege, & ſuivant qu'il eſt plus amplement porté dans l'Original.

Achevé d'imprimer le 23. *de Février* 1672.

Regiſtré ſur le Livre de la Communauté des Libraires & Imprimeurs de Paris le 20. de Février 1672. ſuivant l'Arreſt du Parlement du 8. Avril

1652. & celuy du Conseil Privé du Roy, du 27. Février 1665. Signé,
THIERRY.
Syndic.

ERRATA.

Page 9. ligne 8. estat naturel, *lisez* estat surnaturel. *pag.* 12. *lig.* 6. d'en bas seroit, *lis.* seront. *pag.* 26. *ligne premiere.* parce, dit-il que l'estenduë estant un attribut & non pas une substance, elle ne peut, *lisez seulement* parce, dit-il, que l'estenduë ne peut, *pag.* 48. *lig.* 15. mais au mouvement, *mettez* mais par raport au mouvement. *pag.* 85. *lig. derniere* n'avez, *lis.* n'aurez. *pag.* 102. *lig.* 7. *d'en bas* ils disent, *effacez* ils. *pag.* 109. *lig.* 17. l'air agité d'un canon, *lis.* l'air agité par le bruit d'un canon. *pag.* 116. *lig.* 4. *d'en bas* de leur doctrine, *lis.* de cette doctrine. *pag.* 119. *lig.* 6. naturels, *lis.* natures. *Ibid. lis.* voila Messieurs, *lis.* voila Monsieur. *pag* 143. *lig* 4. *de l'art.* 60. expliquer, *aioûtez* rien.

A la marge

pag. 87. cont. gent. c. 69. *ajoûtez* lib. 3.
pag. 103. c. 8. cap. *mettez* c. 9. cap.

LETTRE
D'UN
PHILOSOPHE,
A UN
CARTESIEN.

ONSIEUR,

1.
Deſſ-in
de ce diſ-
cours.

POUR ſatisfaire à voſtre
deſir, je vous envoye ſans façon mes ſentimens ſur la Philoſophie de Monſieur Deſcartes,
& les raiſons qui m'ont empeſ-

A

ché jufques icy de me declarer pour luy. Vous me difiez dernierement que vous ne fçauriez comprendre qu'on puiffe lire avec attention les Efcrits de ce Philofophe fans eftre convaincu, & vous me vouliez flatter, quand vous ajoûtiez que j'eftois le feul qui avoit pénetré fa Philofophie fans la fuivre, qu'affeurément j'eftois retenu par quelque confideration humaine, qu'aprés tout en certaines chofes je n'étois pas fort éloigné de fes principes, & qu'enfin dans mon ame j'étois Cartefien. Je m'eftime bien honoré, Monfieur, que vous m'ayez jugé digne d'entrer dans vos myfteres, & fi je me connoiffois moins, j'aurois quelque opinion de moy-mefme voyant l'empreffement avec lequel vous tâchiez de m'engager dans vôtre party, ou du moins de faire acroire au monde que j'entrois dans vos sentimens. Mais souvenez-vous, s'il vous plaist, des conditions que j'ay toûjours mises, qu'avant que de passer outre je souhaittois de l'éclaircissement sur quelques points qui me faisoient de la peine : aprés quoy je vous promettois que si vous satisfaisiez à mes doutes, je me ferois Cartesien. Je vous fais encore la mesme promesse, & il n'y a point de consideration humaine qui m'empêche de la garder, estant bien certain que les personnes au jugement de qui je dois le plus déférer, n'apporteront aucun obstacle à ma conversion. Voicy donc ce qui me fait peine, & si vous

4 LETTRE D'VN PHILOSOPHE avez du zéle pour moy, songez à me donner quelque éclircissement.

II.
L'essence du corps n'est pas l'étenduë.

Premierement je trouve bien des choses dans la Philosophie de M. Desc. qui ne s'accordent pas ce semble avec la Religion. Par exemple il dit que l'essence du corps, *c'est d'être étendu en longueur, en largeur & en profondeur*, que c'est là sa nature & sa proprieté essentielle, comme la nature ou la proprieté essentielle d'un triangle rectiligne, est d'avoir trois costez, & tous les angles ensemble égaux à deux droits : En un mot qu'il est impossible de concevoir un corps qu'on ne conçoive en mesme temps une substance étenduë suivant ces trois dimensions : & mesme que cette étenduë est déterminée à une certaine mesure pour chaque corps, en sorte qu'il n'est pas possible qu'un corps, qui dans son étenduë occupe en un temps l'espace d'un pied cubique, n'occupe toûjours le mesme espace : & quoy qu'il puisse changer de figure, il doit neantmoins toûjours remplir la mesure d'un pied. Voila une des premieres maximes de la Philosophie de Monsieur Descartes. Mais j'ay un peu de peine à accorder cela avec ce que la Foy nous enseigne touchant l'Eucharistie, où le Corps de Nôtre-Seigneur est sans étenduë, & sans occuper l'espace qu'il occupoit dans son état naturel. Il est vray qu'il est là sacramentalement, comme l'on parle, & non pas localement : mais tout cela n'empêche pas qu'il n'y soit réellement & veritablement, & que ce ne soit un corps réel & veritable. Et cependant il n'a point son étenduë, il est indivisiblement tout entier dans toute l'Hostie, & tout entier encore dans chaque partie de la mesme Hostie.

III. *On ne peut se servir de l'autho- rité d'A- ristote sur ce point.*

Il est vray qu'Aristote luy-mesme n'a jamais définy le corps autrement qu'en disant que c'est ce qui est étendu en longueur, en largeur & en profondeur. Mais si Aristote a pretendu par là définir la nature & l'essence du corps, nous disons nettement qu'il s'est trompé, & qu'il ne faut point le suivre en cela. Dites en autant de Monsieur Descartes, & je n'auray plus rien à vous demander sur ce sujet: quoy qu'a-

A VN CARTESIEN. 7
prés tout Monsieur Descartes ne soit pas excusable. Car enfin qu'Aristote ait mis l'essence du corps dans l'étenduë actuelle, ce n'est pas merveille, puisqu'il ne voyoit les choses que par la seule lumiere de la raison naturelle. Mais Monsieur Descartes ne pouvoit pas ignorer ce que la Foy nous enseigne du Corps de JESUS-CHRIST: & neantmoins comme s'il n'y avoit jamais eu d'Eucharistie, il dit formellement, il le repette en plusieurs endroits, & il l'éclaircit par des exemples, que l'essence du corps est d'être actuellement étendu selon les trois dimensions, de ne pouvoir estre penetré par quelqu'autre corps que ce soit, d'occuper toûjours son extension déterminée dans un cer-

A iiij

tain volume. Certainement on ne sçauroit trouver à cela aucune excuse raisonnable.

V. *Ny de celle des saints Peres.*

Je ne pense pas, Monsieur, que vous voulussiez vous servir de l'authorité des Saints Peres, qui semblent avoir définy le corps comme Monsieur Descartes. Cela seroit certainement trop odieux. Car voudriez-vous prendre le party des Heretiques ? & faudroit-il donc vous redire ce qu'on a dit cent fois aux ennemis du Saint Sacrement, qui n'ont pas manqué de nous objecter tous ces passages de saint Augustin, & des autres saints Peres, que vous pourriez alleguer. Lisez lequel vous voudrez de nos Controversistes, & vous trouverez par tout l'éclaircissement de ces difficultez : Sçavoir, que

A VN CARTESIEN. 5
ces Peres ont parlé du corps comme il est naturellement, & non pas comme il peut estre par la puissance de Dieu.

Vous direz peut-estre de mesme que M. Descartes a consideré le corps non pas dans un état naturel à quoy la Philosophie ne touche point, mais dans l'état où il se trouve suivant l'ordre de la nature, qui est tout ce que doit faire un simple Physicien. Cette interpretation sera fort favorable : mais permettez moy de vous dire qu'elle ne sçauroit subsister, & que ce n'est pas là expliquer le sens de Monsieur Descartes, mais que c'est le détruire pour en mettre un autre tout different en sa place. Le sens de Monsieur Descartes est trop visible, il l'a expliqué

V. Comment M. Descartes a entendu que l'etenduë fust l'essence du corps.

A v

luy-mefme avec trop de foin, le rapport qu'il fait de l'étenduë à l'égard du corps, avec la penfée à l'égard de l'efprit, & toutes fes autres manieres de s'exprimer, ne nous laiffent point lieu d'interpreter autrement fa penfée, finon que comme il eft de l'effence d'un triangle d'avoir trois angles & trois coftez, auffi il eft de l'effence du corps d'avoir fes trois dimenfions, & de remplir fa mefure déterminée.

VI. Réponfe extraordinaire des Cartefiens.

Auffi vos Meffieurs qui agiffent de bonne foy reconnoiffent que c'eft là le fens de Monfieur Defcartes : mais la réponfe qu'ils donnent à cette objection me paroift d'autant moins recevable qu'elle femble d'abord plus refpectueufe & plus foûmife aux décifions de l'Eglise. Ils difent donc d'une part, que cette idée qu'ils donnent du corps eſt une des plus inconteſtables maximes de la Phyſique : & d'une autre part, quand on leur parle de l'Euchariſtie, ils diſent que ſi on les met ſur la Theologie, ou ſur la toute-puiſſance de Dieu, ils n'en font plus : qu'ils ne toûchent point au ſanctuaire : qu'ils ne ſont pas aſſez temeraires pour borner le pouvoir de Dieu : qu'ils ſont perſuadez que Dieu peut faire des choſes que nous ne ſçaurions comprendre : qu'ils ſoûmettent de bon cœur tout leur eſprit à ce que la Foy nous enſeigne, quoy que cela paſſe noſtre raiſon ; & en parlant de la ſorte, ils penſent avoir pleinement ſatisfait à tout le monde. Je ne doute point de la sincerité de ces Messieurs, & je veux croire qu'ils parlent du fond du cœur, quand ils soûmettent de la sorte leur esprit à la Foy & à la Puissance de Dieu. Mais j'ay bien peur que tout le monde n'aura pas pour eux des sentimens aussi favorables que moy, pour croire ainsi que leur soûmission soit sincere. Car aprés tout ne semble-t'il pas qu'on veut se mocquer de nous, & que ce n'est que pour amuser les simples qu'on nous apporte cette distinction de Philosophe & de Theologien. Quoy donc ce seroit deux systemes que celuy de la Religion & celuy de la Raison ? & ce qui sera vray dans l'un se trouvera faux dans l'autre ? On pourra donc soûtenir en Philosophie qu'il y a une manifeste contradiction à croire la Creation du monde, l'Eternité des bien-heureux ou des damnez, la Resurrection des morts, la remission des pechez. On dira hardiment que tout cecy est aussi contraire à l'essence & à la nature des choses, que quatre angles le sont à l'essence & à la nature d'un triangle : Et quand on objectera ce que la Foy nous enseigne, on n'aura qu'à renvoyer tout cela aux Theologiens, & à dire qu'on ne touche point là, & qu'il faut se soûmettre à la Foy. En verité, Monsieur, pourriez-vous bien vous persuader que des personnes qui parleroient de la sorte, parleroient sincerement? Que pouvons-nous donc dire de vos Messieurs qui en usent de même, à l'egard de l'étenduë du corps, sinon qu'ils pensent que J. C. est dans l'Eucharistie de la façon qu'un triangle peut avoir quatre angles, c'est à dire qu'il n'y est point du tout.

VII.
Que cette réponse est dangereuse.

Mais je veux que la Foy ait eu cet empire sur leur esprit, & qu'elle ait en effet soûmis leur raison à croire ce qui repugne à l'essence des choses. Mais ne voyez vous pas combien ces maximes peuvent estre dangereuses à l'égard de ceux qui ne sont pas si heureux que vous, & qui sont moins fideles à la grace. N'y a-t'il pas danger que tout le monde n'aura pas la mesme soûmission d'esprit pour se persuader ainsi que Dieu puisse faire l'impossible. Sans doute, Monsieur, les Heretiques ne penseront pas manquer au respect qu'ils doivent à Dieu, quand ils diront qu'avec sa toute-puissance, il ne sçauroit faire un triangle qui ait les trois angles moindres que deux droits. Et comme d'ailleurs on est persuadé qu'une verité n'est pas contraire à une autre verité, & que la Religion ne nous oblige point de croire à la fois deux contradictoires; ne diront-ils pas que c'est une erreur de s'imaginer que Dieu nous oblige de croire cette presence réelle du corps de JESUS-CHRIST dans un estat qui ne repugne pas moins à la nature du corps, que trois angles moindres que deux droits repugnent à la nature d'un triangle.

C'est pour cela que saint Augustin * nous recommande de ménager tellement les my-

VIII.
Advis importāt de saint August.
* Lib de Gen ad lit. cap. 21.

stères de nostre foy, que les Philosophes n'y trouvent rien de contraire à ce qu'ils peuvent démontrer par la raison touchant la nature des choses. *Vt quidquid ipsi de naturà rerum veracibus documentis demonstrare potuerint ; ostendamus nostris literis non esse contrarium.* Aussi c'est une chose tres-dangereuse, & qu'il nous faut éviter avec grand soin, dit ce Pere en un autre endroit * de parler de nos mysteres, en telle sorte que les infideles qui nous entendroient dire des choses éloignées de la verité & de la nature, ne pussent s'empêcher de rire, & de nous prendre pour des extravagans. *Turpe est & nimis perniciosum ac maximè cavendum, ut Christianum de his rebus quasi secundum Christianas literas*

* Ibid. cap. 19.

loquentem, ita delirare quilibet infidelis audiat, ut quemadmodum dicitur toto cælo errare conspiciens, risum tenere vix possit. Ne seroit-ce pas en effet exposer nostre foy à la risée des Philosophes & des Geometres, si l'on disoit que nous sommes obligez de croire qu'il y a au monde un triangle dont les angles sont égaux à quatre droits ? & ceux qui s'en tiendront à vostre Philosophie, n'auront-ils pas le mesme sujet de rire & de se mocquer de nôtre simplicité, lors que nous leur dirons que la Foy nous enseigne qu'il y a au monde un corps sans son étenduë actuelle, ce qui, selon vous, n'est pas moins contraire à l'essence du corps, que quatre angles droits le sont à la nature du triangle.

IX.
Suivant Monsieur Décartes Dieu peut faire ce qui repugne à la nature & à l'essence des choses.

Puisque nous sommes sur ce point, permettez moy de faire quelque reflexion sur cette pieuse soumission que Monsieur Descartes fait paroistre, & sur la haute idée qu'il a de la puissance de Dieu. Il dit que si maintenant la nature d'un triangle est d'avoir trois angles egaux à deux droits ; cela vient de ce que Dieu l'a ainsi déterminé librement : que si Dieu avoit voulu, il auroit fait autrement, & qu'il auroit institué un autre ordre de la nature, où les trois angles du triangle vaudroient quatre droits, & où un & deux feroient douze ou quinze, & nullement trois. Certainement c'est porter la puissance de Dieu bien loin : & les anciens Peres de l'Eglise ont eu une idée bien basse de cette nature infinie, quand ils se sont imaginez qu'il y avoit bien des choses que Dieu ne sçauroit faire avec sa toute-puissance. M. Desc. l'entend bien mieux que tous les saints. Le mal que je voy en ceci, c'est qu'il aura de la peine à persuader une si importante verité.

Je me suis trouvé neant-moins à une Assemblée fort celebre, où l'on avoit tres-bien profité de ces belles lumieres de Monsieur Descartes : Car on y soûtenoit publiquement, que Dieu peut faire, que ce qui a esté n'ait iamais esté. On disputa contre cette these avec bien de la chaleur : on apporta les passages des * Peres qui disent le contraire : & enfin comme on pressoit le répondant de dire comment donc il faudroit

* Voyez S. Thomas 1. p. q. 25. art. 4.

que Dieu s'y prist pour faire que nous qui estions là presens, n'eussions jamais esté, & que le monde qui est maintenant n'ait jamais esté creé. On répondit qu'il n'y avoit rien de plus aisé à faire entendre, & que Dieu pourroit faire tout cela. *NON PRODVXISSENDO MVNDVM.* Cette maniere de parler est asseurément fort élegante, & elle pourra plaire à vos Messieurs qui ne la sçavoient peut-estre pas.

x.
La Ste Escriture & les Peres n'authorisent point ce sentiment.

Mais ne voudroient-ils pas authoriser leur sentiment par la sainte Escriture ? Je leur ay oüy dire, ce me semble, qu'ils estoient en effet fondez sur des passages formels de l'Evangile : mais ces passages sont connus de tout le monde, & il n'y a personne qui ne sçache que l'*impossibile apud homines* de saint Matthieu & des autres Evangelistes, signifie ce que les hommes ne peuvent faire: & tout le monde sçait aussi que le *Verbum* de Saint Luc, *non erit impossibile apud Deum omne Verbũ*, signifie une chose qui ne repugne point en soy : ou pour parler à la maniere de Monsieur Descartes, une chose dont nous pouvons former une idée claire & distincte, sans y concevoir de la repugnance. Ils pourroient donc mieux s'accommoder de quelques autres passages tirez des Peres, qui semblent dire que les choses qui nous paroissent essentiellement necessaires, ne sont necessaires que parce qu'il a plû à Dieu de les rendre telles, *non pas par une necessité naturelle, mais par sa pro-*

Voyez S. Thomas 1. p. q. 25. a. 3. c.

* Iust. q. 11 p. ad orthod.

pre détermination volontaire, & de mesme qu'il n'est pas permis de penser que la volonté de Dieu soit assujettie à la necessité, puis qu'il est luy mesme l'Autheur de la necessité. Que Dieu n'est pas seulement hors de toute necessité, mais qu'il en est le Maistre & l'Autheur, & que comme Dieu est une Puissance & une Nature, qui peut se servir librement de sa Puissance; il ne fait rien aussi par contrainte ny par la sujétion d'aucune loy de la nature ou de la necessité: que toutes choses sont contingentes à son ègard, mesme celles qui sont necessaires. Quand vos Messieurs citeront ces passages & quelques autres semblables, il faut qu'ils apportent grand soin à faire en sorte qu'on ne s'apperçoive point que ces Peres parlent de la necessité naturelle, & non pas de

<small>Gregor. Nyss. l. 6. Philosophiæ, qui est de fato cap. 4. vel potius Nemes. l. de animæ facultatibus ca. 58. à medio Bib. Patrum tom. 9.</small>

l'essentielle, c'est à dire de ce qui est necessaire à l'égard de l'estat ordinaire du monde, & non pas de ce qui est essentiel à la nature mesme.

Mais puis que vos Messieurs sont ainsi persuadez, que Dieu est le Maistre de la necessité, & que c'est librement qu'il a voulu que les choses fussent faites essentiellemēt necessaires de la façon qu'elles le sont à present: Je voudrois bien leur demander s'ils pensent que Dieu eust pu instituer un autre ordre de la nature, où il pourroit mentir & nous tromper: & un autre encore où il pourroit cesser d'estre & mourir ? Je sçay bien qu'un * grand homme du siecle passé distingue les choses qui sont en Dieu & celles qui sont hors de Dieu. Que celles-

XI. *Que suivant le raisonnement de M. Descartes. Dieu pourroit aussi mentir & mourir.*

* Claude de Saintes.

cy sont toutes dependantes de sa toute-puissance, & que celles-là sont par une heureuse necessité, essentiellement immuables : Qu'ainsi encore qu'il ne puisse ny mentir ny mourir ny subsister qu'en trois Personnes, il peut neantmoins faire la nuit du jour, & renverser l'ordre de la nature que nous voyons le plus essentiellement necessaire, lors que cela n'a nulle connexion avec quelque sorte d'imperfection qui deust se trouver en Dieu. Mais vos Messieurs ne peuvent, ce me semble, se servir de cette distinction. Car enfin je leur diray ce qu'ils disent à l'égard de la nature du triangle, qu'à la verité nous ne pouvons point maintenant concevoir un triangle qui n'ait ses trois angles égaux

égaux à deux droits, mais que nous concevons clairement que Dieu est tout puissant, qu'il est le Maistre de toutes choses, & que par consequent il peut faire cela mesme qui nous paroît impossible. Mais je ne veux pas pousser cecy davantage, ny m'arrester plus long-temps à refuter cette opinion qu'un sçavant homme * attribuë aux heretiques Praxéens. Je vous tiens quitte mesme pour ce point. Répondez-moy seulement sur ce qui regarde l'estenduë du corps de J. C. dans l'Eucharistie, & aprés que vous m'aurez satisfait sur cet article, songez à me satisfaire sur le suivant.

* Theoph. Raynaud Theol. nat. dist. 8. q. 5.

Monsieur Descartes dit que par tout où nous concevons de l'estenduë, il doit necessai-

XII. Ce que M. Descartes dit du vuide.

B

rement y avoir un corps : parce, dit-il, que l'estenduë estant un attribut & non pas une substance, elle ne peut subsister sans son sujet, qui est le corps. De la il conclud qu'il y a de la contradiction à admettre le vuide : que Dieu mesme ne sçauroit aneantir tout l'air qui est au dedans d'une chambre, sans y laisser quelqu'autre corps qui remplisse tout l'entredeux des murailles : Et que si l'on s'attache absolument à vouloir que Dieu détruise tout cet air sans y substituer aucun autre corps ; alors les murailles qui auparavant estoient feparées, se toucheront, sans que pourtant on puisse dire qu'elles ayent changé de place. Voila une pensée assez plaisante, & j'estime heureux

A vn CARTESIEN. 27
ceux qui ont l'efprit aſſez penetrant pour la comprendre. Car pour moi j'avoüe que cela me paſſe, & je fuis confus de me voir arreſté au premier pas que je fais dans cette belle Phyſique, où l'on fait profeſſion de n'avancer rien que ce que nous concevons clairement. Mais patience, ce n'eſt pas auſſi là deſſus que je veux inſiſter maintenant ; voyons la ſuitte de cette penſée.

Monſieur Deſcartes tire delà par une conſequence à ſon avis neceſſaire, que le monde eſt infini en étenduë. Il eſt vray qu'il ne veut pas ſe ſervir de ce mot d'*Infini*, qui ſeroit trop odieux. Il a donc ſubſtitué en ſa place celuy d'*Indefini*, qui ſignifie pourtant la meſme choſe. Car M. Deſcartes dit que le mon-

XIII.
Ce qu'il tire delà touchant l'étenduë infinie du monde.

B ij

de tel qu'il est presentement, n'est point borné nulle part, & qu'il ne le peut estre : or ce qui existe actuellement tout tel qu'il est, & qui existe sans avoir aucunes bornes ; c'est ce que tout le monde jusques icy a appellé *Infini*. Il a plû à M. Descartes de l'appeler *Indefini*, à la bonne heure j'y consens, quoy que j'aye bien de la peine à souffrir qu'on nous joüe de la sorte, & qu'on pretende nous faire acroire qu'on nous tire de peine par un mot, qui n'ajoûte rien qu'une syllabe à tout ce que nous disons de *l'Infini*. Monsieur Descartes dit donc que le monde n'a point de bornes, parce qu'au delà de toutes bornes imaginables, nous concevons encore de l'étenduë, & par consequent un corps. Ainsi

A VN CARTESIEN. 29
au delà de ce que nous imaginerions, comme l'extremité du monde il y a encore des corps : c'est à dire que le monde s'étend encore au delà de ce que nous avions pris pour l'extremité du monde.

Cela me paroist un peu fascheux, tant parce qu'il est étrange dans l'Eglise, de dire que le monde est infini ou sans bornes; que parce qu'il s'ensuit delà que le corps est un être absolument necessaire, & que le monde a dû estre de toute eternité. Car s'il est necessaire de concevoir une étenduë, & un corps au delà des bornes que nous donnerions au monde ; il sera aussi necessaire de concevoir une étenduë & un corps au delà des temps que nous donnerions à la creation

XIV.
Suivant le raisonnement de Monsieur Décartes le monde seroit eternel.

B. iij

du monde, parce que nous concevons qu'avant la creation du monde, tout eſt de la meſme condition que ce que nous concevons au delà du monde. Et comme M. Deſcartes dit qu'au delà de ces bornes pretenduës du monde, lequel nous imaginerions comme une certaine boule, il eſt neceſſaire de concevoir de l'étenduë, parce que Dieu y pourroit faire un autre monde comme une autre boule, laquelle ſeroit à une certaine diſtance de celle-cy, & que par conſequent il y auroit un corps entre ces deux boules, & qu'ainſi ce monde fini de la ſorte ſeroit une chimere : auſſi il faut dire ſuivant le raiſonnement de M. Deſcartes, qu'avant la creation du monde nous devons neceſſairement concevoir une étendüe & un corps; puisque nous nous imaginons bien que Dieu ait pû produire ce monde, pour lequel il faut de l'étendüe, comme nous imaginerions qu'il pourroit produire un autre monde, si nous concevions le monde fini.

Davantage, si tout de bon M. Descartes croit que le monde n'est pas eternel, & qu'il a esté creé de Dieu; il doit aussi croire que Dieu au lieu de produire le monde, se seroit pu contenter de creer des Anges & des substances spirituelles. Et de mesme il doit croire encore que Dieu peut maintenant détruire ce monde corporel, & laisser les Anges & les ames des hommes qui sont spirituelles. Mais

XV.
Et le corps un estre necessaire.

en cela j'y remarque la mesme contradiction que Monsieur Descartes pretend trouver dans la supposition du monde fini, ou d'une chambre vuide. Et pour mieux faire entendre l'estat de la question, supposons qu'il y a douze personnes rangées, si vous voulez, en rond au tour d'une table dans une chambre. Dieu destruit tout l'Univers, à la reserve des douze ames qu'il laisse comme elles estoient. Apres cette supposition, ces ames ne seront-elles pas encore rangées en rond ? n'y aura-il pas de l'étenduë entre-elles ? Il y aura donc encore un corps selon la Philosophie de M. Descartes. La détruction du monde est donc impossible & n'implique pas moins contradiction, que le vuide d'une chambre. Est-ce peut-estre que vous direz que ces ames ne seront plus rangées en rond? Quoy donc? seront-elles toutes en un ploton? J'apprehende que vous ne disiez en cela des choses bien plus inconcevables que ce que vous dites ne point concevoir. Car enfin si ces ames ne sont plus éloignées les unes des autres, elles qui l'estoient auparavant quand elles informoient les corps; il faut selon vos principes qu'elles soient maintenant unies ensemble. Car ces choses sont ensemble entre lesquelles il n'y a rien, ou qui ne sont point éloignées l'une de l'autre. Mais il est impossible de concevoir que des ames qui estoient auparavant separées, soient maintenant unies, sans concevoir quelque sorte de mouvement. Il faut necessairement qu'elles ayent changé de place pour se joindre ensemble; il faut donc encore concevoir une place & une estenduë, c'est à dire selon vous, un corps. De plus quelque situation qu'il vous plaise donner à ces ames, elles pourront sans doute se souvenir de ce qu'elles avoient remarqué dans le monde lors qu'il subsistoit : elles pourront s'en entretenir entre-elles : elles pourront dire, là estoit la fenestre de la chambre : de ce costé estoit la porte : il y avoit en cét endroit un tableau, & tout vis à vis la cheminee. Quelque effort que vous fassiez, vous

A VN CARTESIEN. 35
ne fçauriez concevoir cecy autrement. Ainsi vous voyez bien que nous ne sommes pas moins dans la necessité de concevoir de l'estenduë dans cette supposition, que dans celle où nous mettions le monde fini. Et que si de cela seul que nous devons concevoir quelque étenduë au delà du monde que nous imaginerions fini, Monsieur Descartes conclud qu'il y a donc des corps au delà, & que par consequent le monde fini implique contradiction; il faut aussi par la mesme consequence conclure, que la destruction du monde implique contradiction : puisque nous sommes dans la mesme necessité de concevoir de l'estenduë aprés la destruction du monde, en la maniere que nous la
B vj

concevrions au delà du monde.

XVI.
Ce qui se confirme.

Ne penſez pas éluder la difficulté, en diſant que les ſubſtances ſpirituelles ne ſont point dans le lieu, ſelon le ſentiment meſme de la plus part des Theologiens. Mais prenez garde que ſi l'on diſpute ſur la maniere dont les Eſprits ſont dans le lieu, on ne douta jamais qu'ils n'y ſoient veritablement. Et quoy qu'il en ſoit, je raiſonne icy ſuivant vos principes, & je dis qu'il eſt impoſſible de concevoir qu'un Ange exiſte maintenant, ſans qu'il exiſte, ou au dedans du Ciel, ou au dehors du Ciel. D'où vous couclurez qu'il y a donc un *au dehors* du Ciel, c'eſt à dire un lieu au delà, une eſtenduë, un corps. De meſme en supposant qu'il n'y a rien au monde que deux Anges, il sera impossible de concevoir que ces deux Anges ne soient, ou unis ensemble, ou separez l'un de l'autre : ce qui ne se peut concevoir selon vous, sans concevoir un lieu & un espace, & par consequent nous voila encore dans l'estenduë ; & il y a des corps lors mesme que nous nous imaginions qu'il n'y en avoit point. La destruction du monde est donc impossible : ce que nous imaginons en supposant qu'il n'y a point de corps au monde est une chimere : le corps est un Estre necessaire. Aprés cela il ne reste rien à M. Descartes qu'à dire nettement ce que disoient quelques Philosophes anciens contre les quels les SS. Peres se sont tant animez; sçavoir que Dieu n'est point Createur, mais Sculpteur ou Modelleur, * *Non factor sed fictor* : c'est à dire que Dieu n'a pas fait la matiere & le corps, puisque c'est une substance eternelle & necessaire. Et tout ce que Dieu pourra avoir fait en ce monde, c'est de tailler cette matiere, d'en arranger les parties, & de leur donner quelque mouvement. Mais aussi ce sera à nous à luy dire ce que disoient les Saints à ces anciens Philosophes : a *Malheur à vous qui voulez que ce monde ait esté fait de quelque matiere qui subsistoit auparavant.* b *Dieu n'est pas invēteur de figures, mais il est le Createur des choses.*

XVI. Ne me dites pas Monsieur, *Monsieur Desc. ne* que plusieurs Theologiens

*Iust. in paran. δημιυργὸς ὁ ποιητής.

a Auctor opusc. ad Theoph. l. 6.
b Basil. in hexam. hom. 1. nitio & hom. 1.

Catholiques disent la mesme chose pour l'étenduë, quoy que peut-estre ils n'admettent point la consequence, qui neantmoins suit de ces principes, que le monde est infini. Non, Monsieur, parmy les Theologiens qui ne reconnoissent point d'étenduë positive, si ce n'est où il y a des corps, vous n'en trouverez pas un qui dise qu'au delà de ce monde il y ait une étenduë positive. Ils disent tous que ce que nous imaginerions au delà du monde, est de la mesme condition que ce que nous imaginons avant la creation du monde : c'est à dire qu'il n'y a rien au delà du monde, comme il n'y avoit rien avant la creation du monde. Mais M. Descartes dit au contraire,

doit point tirer avantage de ce que disent quelques Theologiens des espaces imaginaires.

qu'absolument il faut concevoir qu'il y a une estenduë positive, c'est à dire un corps au delà du monde que nous imaginerions fini. C'est à vous, Monsieur, à me faire voir comment cela s'accorde avec ce que nous sommes obligez de croire, touchant la creation du monde.

XVII.
Que le mouvement est aussi de toute eternité dans la doctrine de M. Descartes.

Pour moy je ne sçaurois me persuader que Monsieur Descartes ait pensé en effet, que le corps fust un être necessaire, & le monde eternel. Je veux croire qu'il estoit bon Chrétien, & que sincerement il reconnoissoit que le monde a esté creé dans le temps. Mais sa doctrine ne s'accorde pas ce me semble avec sa creance ; & en effet voicy encore un autre endroit, où il fait voir que le monde a dû estre de toute eternité. Il dit que Dieu ne sçauroit maintenant produire de nouveau un seul degré de mouvement dans les corps qui sont au monde, ny aussi le détruire ; parce, dit il, que si Dieu le faisoit, il seroit sujet au changement & à l'imperfection. Et si cela est ainsi, Dieu n'a donc pas pû commencer à produire aucun degré de mouvement ou de repos, puisque pour lors il auroit changé luy-mesme. Il faut donc dire, que s'il produit maintenant une certaine quantité de mouvement ou de repos, il l'a produite de toute eternité. Et si vous voulez encore adjoûter quelque chose, il faudra, ou qu'il ne produise aucune ame raisonnable, ou qu'il les ait produites toutes, de toute eternité. Cela est surprenant, & il y a sujet de s'estonner, qu'un Philosophe de nos temps en soit pû venir là.

XVIII. *Que Dieu peut faire les choses de nouveau sans changement de sa part.*

Vous sçavez combien tous nos Docteurs se sont écriez contre le Philosophe Proclus, qui a voulu prouver par les principes d'Aristote, que le mouvement devoit estre eternel. Je ne crois pas qu'on doive tant s'allarmer contre Monsieur Descartes. Car aprés tout, ce que disoit Proclus avoit quelque apparence de raison, & pouvoit donner quelque peine à resoudre. Mais ce que dit Monsieur Descartes en cecy, est la chose du monde la plus foible & la moins propre à surprendre les esprits. Car qui ne sçait que tous les changemens qui surviennent aux creatures se font sans aucun changement de la part de Dieu. Il est vray que Dieu ne fait rien dans le temps qu'il n'ait resolu de toute eternité de faire. S'il commençoit maintenant à se determiner, sans doute qu'il seroit sujet à l'imperfection & au changement. Mais comme il a pû se resoudre à demeurer une eternité toute entiere sans rien faire au dehors: aussi a-t-il pû se résoudre à produire dans le temps, des corps, & des esprits, & des mouvemens: & avec la mesme facilité auroit-il pû se resoudre à détruire tous ces mesmes corps & tous ces esprits, avec tous ces mouvemens, ou bien à en produire de nouveaux, comme en effet il crée tous les jours de nouvelles ames : ou enfin à arrester les mouvemens qui sont, ou à en faire une plus grande quantité. Tout cela est si aisé, que je ne vois rien qui soit capable de faire la moindre peine à ceux qui sont tant soit peu raisonnables.

XIX.
Que l'espace n'est pas un corps reel.

Ce que Monsieur Descartes dit de l'espace, qu'il considére comme un veritable corps, ne peut non plus faire grande impression sur les Esprits. Ce n'est qu'une pure imagination de cet Autheur, bien opposée au sentiment universel des hommes, que saint Gregoire de Nysse a exprimé lorsqu'il dit, * *Qu'à la verité tout corps a bien les trois dimensions ; mais que tout ce qui a les trois dimensions n'est pas corps pour cela, puisque*

Serm. 1. de animâ.

A VN CARTESIEN. 45
le lieu a son estenduë en longueur, en largeur, & en profondeur. Cette longueur du lieu ou de l'espace que nous imaginons n'est pas un accident positif, ou un estre reel comme pense Monsieur Descartes ; car ce n'est qu'une pure distance qui est, par exemple, entre deux murailles de la chambre dont nous avons parlé. Ces murailles aprés la destruction de tous les corps d'entre deux, sont aussi éloignées l'une de l'autre qu'elles l'estoient auparavant. Cet éloignement peut estre plus grand ou plus petit, & il se mesure, non par le corps qui est actuellement entre deux, mais par celuy qui peut y estre. Rien ce me semble n'est plus facile à concevoir. Voici neantmoins une pensée que

j'ay ouy proposer à une personne fort intelligente qui peut ôter toute sorte de doute.

XX. Comparaison de l'espace du lieu à l'espace du temps.

Quoy qu'il en soit de la consequence que j'ay tirée de la doctrine de Monsieur Descartes, vous croyez bien, Monsieur, que le monde a esté creé de Dieu dans le temps : asseurement vous n'en doutez point. Comme il l'a creé, il peut aussi le détruire : & aprés l'avoir détruit une fois, il peut le reparer ; ou si vous voulez, il peut en produire un autre tout de nouveau. Y a-t-il en cela rien qui choque l'esprit, ou qui ne se conçoive sans aucune di culté ? Et neantmoins en ce cas, entre ces deux mondes, ou plûtost entre la destruction de l'un, & la production de l'autre,

A VN CARTESIEN. 47
il y auroit un intervalle de temps. Il feroit ridicule de dire, comme font ces Meſſieurs à l'égard des murailles, que ces deux mondes ſe touchent & ſe ſuivent ſans interruption, l'un aprés l'autre. Nous pouvons ſans doute appliquer en cette rencontre le fameux *Erat quando non erat*; il eſtoit un temps auquel Dieu exiſtoit, ſans que le monde exiſtaſt : & Dieu aprés avoir détruit le monde, pourroit dire avant que de le reparer *Je ſuis, & le monde n'eſt point.* Il y a donc un intervalle de temps entre ces deux mondes; & cet intervalle pourroit eſtre plus grand ou plus petit, ſelon qu'il plairoit à Dieu de ſe determiner : de ſorte que Dieu aprés avoir détruit ce premier

monde, pourroit attendre l'efpace d'un an ou de cent ans à reproduire l'autre, comme il avoit attendu toute une eternité à produire le premier. Ainfi nous pouvons aifément concevoir un intervalle de temps, lors mefme qu'il n'y a dans la nature aucun mouvement, ny aucune creature : & nous mefurons cette efpece de temps, non pas par rapport au mouvement réel de quelque corps qui exifte, puifqu'il n'y en a point ; mais au mouvement qui pourroit eftre fi le premier monde avoit continué. L'application qu'on peut faire de l'efpace du temps à l'efpace du lieu, eft trop facile pour s'arrefter davantage à l'expliquer.

XX. Que Pour ce qui eft de l'étenduë actuelle

actuelle, que M. Descartes dit *l'etenduë actuelle ny l'impecatrabilité ne sont point de l'essence du corps.*
estre de l'essence du corps, cela non plus, n'a pas grande difficulté. J'ay veu un Geometre qui dit qu'il y a demonstration pour prouver qu'un corps qui occupe en un temps le volume d'un pied cubique, peut ensuitte, du moins par la puissance de Dieu, estre estendu dans un espace de cent pieds sans laisser du vuide, ou estre tout ramassé dans la pointe d'une aiguille, ou si vous voulez dans un point, & qu'en cela il n'y a pas plus de repugnance, qu'à faire deux mouvemens d'inegale vitesse, ou à faire couler une mesme liqueur par un canal irregulier. Cette mesme personne assure qu'on peut demonstrer Geometriquement,

que deux corps peuvent eſtre dans un meſme lieu, & qu'en cela il n'y a pas plus de repugnance qu'à faire un mélange parfait de deux liqueurs. Je dis un mélange parfait, pour le diſtinguer de celuy que nous appellons *per juxta-poſitionem*; comme les grains de deux ſortes de bleds peuvent eſtre meſlez & confondus enſemble, ou comme l'eau ſe meſle avec le vin : ce qui ſe fait en ſorte que les plus petites parties de l'eau s'inſinuent à travers les parties inſenſibles du vin. Mais enfin ces petites parties ne ſont point intimement meſlées elles-meſmes : elles ſubſiſtent en leur nature, & occupent chacune leurs places ſeparément des autres ; comme les petits grains de bled subsistent toûjours les mesmes chacun en sa place particuliere, quoy qu'à l'égard de tout le monceau, tous les grains soient pesle-mesle confondus. Ce n'est donc pas comme ce Geometre l'entend, mais il veut un mélange parfait, en sorte que suivant la definition d'Aristote, * *châque partie pour petite qu'elle soit meslée.* Or qu'un tel mélange se puisse faire, on le demonstre par cette division infinie qui se fait selon Monsieur Descartes, dans le mouvement inegal d'une liqueur; & il est aisé de faire voir que ce mélange parfait de deux liqueurs ne repugne pas plus en soy, que ce mouvement inégal d'une mesme liqueur. Aprés quoy il est visible, que

*De gen. & cor. l. 2 cap. 10.

dans ce cas où deux substances seroient ainsi parfaitement meslées, elles seroient aussi toutes deux indivisiblement en mesme lieu; n'y ayant partie imaginable du lieu quelque petite qu'elle soit, qui ne contienne quelque chose de l'une & de l'autre substance, puisque par la supposition, ces deux substances ne sont pas seulement divisées en petites parties, lesquelles s'insinuent les unes entre les autres; mais plûtost qu'elles sont si parfaitement meslées, qu'il n'y a partie imaginable du lieu, qui ne contienne quelque chose de l'une & de l'autre substance.

XXI. *M. Descartes dit au fond la mesme* Voicy une autre difficulté qui ne me paroist pas petite. Toutes les personnes raison-

A VN CARTESIEN.

nables traîtent d'extravagan-ce, ou plûtoſt d'impieté, le ſentiment d'Epicure, qui veut que tout ce monde ſe ſoit formé par une rencontre heureuſe des Atomes qui voltigeoient de toutes parts. Certainement il n'y a que des eſprits abrutis par le vice, qui ſoient capables de penſer que cet ordre admirable de l'Univers, & ce rapport merveilleux qu'ont entr'elles toutes les parties qui le compoſent, ait pu ſe faire ainſi par hazard, & ſans la conduite de quelque intelligence. Monſieur Deſcartes ne croit pas à la verité que le monde ait eſté fait par hazard, & ſans la Providence. Mais au fond ce qu'il dit n'eſt point different de ce que dit Epicure. Car il veut ſeu-

choſe qu'Epicure touchant la formation du monde.

lement que Dieu ait fait toute la matiere : qu'il l'ait divisée en de petites parties à peu prés égales; c'est à dire, en de petits cubes ou des parties quarrées, comme des dez : qu'il les ait agitées en divers sens chacune en son propre centre, & plusieurs d'elles autour d'un centre commun. Voila tout ce que Monsieur Descartes veut que Dieu fasse: aprés quoy, Dieu peut demeurer en repos : il n'a que faire de se mesler davantage de la conduite du monde : les choses se feront d'elles-mesmes : Et Monsieur Descartes pretend que de cette seule hypothese, il déduira par des consequences necessaires, tirées des loix de la mechanique, tout ce que nous voyons dans le monde : Que le Soleil se formera, que les Eſtoilles & les Planetes prendront leur place dans l'Univers & y garderont parfaitement l'ordre de leurs revolutions periodiques : que les Elemens & les Mineraux ſe formeront icy bas : que toutes ſortes de Plantes & d'Animaux s'engendreront ſur la Terre & dans les Eaux : En un mot, que de ce ramas confus de parties ainſi agitées, comme de l'ancien Chaos des Poëtes, il ſortira un Monde entier avec toutes ſes parties, tout ſemblable à celuy que nous voyons. Je demande maintenant, ſi ce qu'il y a de plus odieux dans le ſentiment d'Épicure, ne ſe trouve point dans l'hypotheſe de Monſieur Deſcartes.

C iiij

Qu'importe que ce soient des parties cubiques, qui se meuvent en rond, ou bien des Atomes irreguliers qui descendent de biais ? Les Atomes d'Epicure estoient de differente figure. Ce Philosophe en mettoit de ronds & de plats, de convexes & de concaves, de crochus & d'uniformes ; & par toutes ces inegalitez differentes, il pouvoit se faire du moins que plusieurs de ces atomes s'embrassant les uns avec les autres, composassent diverses sortes de masses. Mais les petites parties de Monsieur Descartes estant toutes uniformes ; est-il plus aisé à concevoir que de leur mouvement circulaire il puisse sortir un monde si diversifié & si parfait que celuy que nous voyons.

Il est vray que Monsieur Descartes croit que Dieu concourt à toutes ces productions: mais cela ne fait rien, & c'est justement comme si je disois qu'avec le Concours de Dieu par le mouvement des parties d'eau qui s'élevent en vapeur, il pourroit se former des nuës qui eussent la figure de soldats, & d'une armée entiere qui marchast en bel ordre, & qui venant à rencontrer une autre semblable armée, donnast le combat dans les formes. Vous voyez, Monsieur, que le concours de Dieu ne fait rien en cette affaire, & qu'à moins que Dieu, ou quelque autre Intelligence, ne vienne expressément à ranger toutes ces parties de vapeurs, jamais ces parties pour

XXII.
Ce que Monsſ. Descartes reconnoiſt le concours de Dieu ne l'excuſe pas.

C v

subtiles qu'elles soient, ne pourront former, je ne dis pas deux armées, mais mesme deux soldats. Au reste comme le sentiment d'Epicure est non seulement extravagant, mais encore impie; parce qu'il favorise l'Atheisme, détruisant la necessité de la Providence, & faisant un monde qui peut se passer d'un Dieu, ce qui fait horreur à ceux qui ont quelque sentiment de pieté: Je vous laisse à juger, Monsieur, ce que nous devons dire du systeme de Monsieur Descartes, qui est en cela si semblable à celuy d'Epicure.

XXIII. *Monſ. Descartes a fort bien parlé de Dieu.* Vous me direz sans doute, que Monsieur Descartes est hors de tout soupçon, & de toute envie: puisqu'il a demonstré l'existence de Dieu:

qu'il a prouvé que la matiere ne sçauroit seulement se mouvoir, si Dieu ne luy donne luy-mesme le mouvement : qu'il a toûjours parlé de Dieu d'une maniere qui fait bien voir que tres-sincerement il estoit persuadé de la dépendance que nous avons de sa providence. Il est vray, Monsieur, j'ay esté tres-édifié de voir la reverence & la soûmission avec laquelle il a parlé de Dieu & de l'Eglise : je n'ay garde de vouloir penetrer jusques dans son ame, & de juger de son interieur autrement que par ce qui paroist au dehors. Je veux croire que c'est tout de bon, & avec de veritables sentimens, qu'il a parlé de la sorte. Mais aprés tout, je ne puis pas bien accorder son procedé avec tous ces beaux sentimens : Car à voir le biais dont il s'y prend, on diroit qu'il a voulu prouver la beauté de son esprit, plustost que l'existence de Dieu.

XXIV
Mais il n'a pas bien procedé pour demonstrer son existence.

Et en effet, si tout de bon il vouloit demonstrer l'existence de Dieu, pourquoy s'est-il attaché à vouloir faire cette demonstration par la seule idée que nous en avons, & independemment de toutes les autres considerations ? Il a crû sans doute qu'il estoit beau de commencer sa Philosophie, par prouver que nous avons une ame spirituelle, & qu'il y a un Dieu. Il a voulu que ce fussent là les deux premieres connoissances de son Sage, & qu'aprés s'estre dépoüillé de tous les préjugez, apres avoir renoncé à tout ce qu'il auroit pû sçavoir, enfin aprés avoir douté de tout, la premiere chose qu'il decouvriroit, ce fust, qu'il a une ame, devant mesme qu'il sçache s'il a un corps, ou ce que c'est que corps, & puis la seconde, qu'il y a un Dieu, devant mesmes qu'il sçache s'il y a d'autres creatures au monde, ou s'il y a mesme un monde dans la nature.

Voila la pensée de Monsieur Descartes, & s'il avoit eu aussi bonne intention de prouver un Dieu, qu'il a eu de complaisance pour cette pensée, qu'il a crû estre uniquement de luy; je doute fort qu'il s'y fust pris de ce biais, & qu'il eust renoncé ainsi à tous les autres moyens que nous avons de demonſtrer invinciblement cette ſouveraine exiſtence de Dieu, pour s'attacher à des raiſons qui ſont ſujettes à mille chicaneries. Lors qu'un Advocat y va tout de bon, il prend tous ſes avantages pour rendre ſa cauſe meilleure, & ce ſeroit une grande impertinence, s'il faiſoit profeſſion de laiſſer toutes les pieces les plus convainquantes, & de renoncer à tous les titres les plus inconteſtables, pour s'attacher à prouver ſon droit dans une abſtraction Metaphyſique. Tout ce qu'on pourroit dire en faveur de cet Advocat, c'eſt qu'il auroit plaidé pour faire voir ſon eſprit, & non pas pour maintenir le droit de ſa Partie. Ne pouvons nous pas en dire autant de Monsieur Descartes. Il s'agit de prouver qu'il y a un Dieu: nous avons pour cela des pieces incontestables „ il ne faut que produire le monde „ & regarder le Ciel „ pour estre convaincu d'une Supréme Intelligence : il ne faut que suivre les Causes qui se poussent les unes aprés les autres, pour en venir bien tost à une Premiere. Monsieur Descartes renonce à toutes ces pieces, il n'en veut pas entendre parler, il ne veut point qu'il y ait de la suitte ou de la dépendance dans les causes, il se fait un cas Metaphysique ; & par la seule idée qu'il trouve dans luy-mesme d'une nature infinie, il prouve qu'il y a un Dieu. C'est ce me semble trahir sa cause, aussi bien que celle de Dieu : Ce qui doit fans doute paroiftre d'autant moins fupportable, que ces raifons ainfi abftraites de Monfieur Defcartes, font les raifons du monde les plus chicaneufes, & les plus fujettes à mille difficultez, pour ne pas dire que quelques-unes ont efté déja rejettées par faint Thomas, *comme de purs paralogifmes.

*1. p. q.
2. a. 1.
2m.

XXV.
Si le Dieu que prouve M. Defc. eft le vray Dieu.

Que fera-ce fi nous difons que le Dieu que prouve M. Defcartes, n'eft pas le Dieu que nous reconnoiffons pour le Createur de toutes chofes. Car enfin ce Dieu de Monfieur Defcartes, c'eft un Dieu qui peut faire, que deux & un faffent quinze : c'eft à dire, qui peut fubfifter en quinze perfonnes. C'eft un Dieu dont

A VN CARTESIEN. 65
le monde se peut passer depuis
qu'une fois il en aura divisé &
agité les parties. C'est un Dieu
qui a fait la matiere & le corps
de toute eternité : ou plûtost
qui n'a fait ny corps ny matiere, puisque toute la substance
indéfiniment estenduë, est necessairement de toute eternité.
C'est un Dieu qui ne sçauroit
détruire maintenant un seul
degré de mouvement, ou en
produire un de nouveau, à
moins que de se déclarer luy-
mesme sujet au changement
& à l'imperfection. C'est un
Dieu qui nous oblige à croire
ce qui repugne à l'essence des
choses, & qui ne peut mettre
un corps sous les apparences
du pain, sinon en la maniere
qu'il peut faire un triangle à
quatre angles droits. Aprés

cela, je ne sçay que penser du Dieu de Monsieur Descartes; & tout ce que je puis dire en faveur de ce Philosophe, c'est que si son intention a esté bonne, sa doctrine me paroist mauvaise.

XXVI.
Sentiment des Theologiens touchant les formes & les accidens.

Je ne dis rien de ce que Monsieur Descartes nie toutes les formes substantielles & accidentelles, quoyque la foy nous enseigne qu'il y a des Vertus surnaturelles qui ne peuvent estre que de veritables Qualitez infuses & inherentes dans l'ame mesme des enfans qui sont baptizez, devant qu'ils ayent atteint l'âge de la raison. De plus vous sçavez que le sentiment des Theologiens catholiques est que dans le mystere de l'Eucharistie il y a des accidens reels & physiques, qui subsistent par miracle sans sujet: & ils pensent que la foy de ce mystere ne nous permet pas de douter que les accidens ne demeurent. Car l'Eucharistie estant un Sacrement, c'est à dire un signe visible de la grace invisible, il faut necessairement qu'il y ait quelque chose de sensible : & comme ce ne peut estre aucune substance, ce doivent estre les accidens. De plus dans l'Eucharistie il se fait une veritable *Conversion*, & un changement qu'on appelle *Transubstantiation*. Or en toute conversion il doit y avoir quelque chose de commun qui demeure aprés le changement le mesme qu'il estoit avant le changement, autrement ce ne seroit pas une conversion, mais une simple substitution d'une chose qu'on mettroit en la place d'une autre : & comme il n'y a aucune substance qui demeure ; il faut que ce soient de purs accidens. Davantage le Concile de Constance a condamné comme heretique cette proposition, qui est la seconde de Wiclef, *Accidentia non manent sine subjecto : Les accidens ne demeurent point sans sujet.* Et quoyque le Concile de Trente ne se soit point servi du mot d'accidens, il a neantmoins défini la mesme chose à l'égard des *Especes*, qui dans le langage de tous les Theologiens ne signifient autre chose que les accidens. *Car que sont autre chose les especes que des accidens sans sujet.* Est - il dit au Concile de Cologne, *Quid enim panis vinique species aliud sunt post consecrationem, quā species sacramentales, & accidentia sine subjecto?* De plus ce seroit une chose bien peu sortable à la majesté de ce Sacrement, s'il y avoit de l'illusion, & si Dieu nous trompoit en nous faisant voir ce qui n'est point. Puis donc que tous nos sens nous découvrent les mesmes accidens qui estoient auparavant, il faut aussi reconnoistre qu'ils y sont, & qu'ils y sont sans sujet.

Je sçay bien qu'à tout cela vous répondez qu'à l'egard des qualitez & des habitudes, vous ne niez pas qu'il n'y en ait point du tout; mais vous dites seulement que ces qualitez ne sont pas des Estres reélle-

XXVII. *Ce qu'on peut dire en faveur de Monsf. Desc. à l'egard des habitudes surnaturelles.*

ment distincts. Et comme ceux des Theologiens qui nient la distinction des Modes, ne laissent pas de reconnoistre des modes surnaturels, comme l'Union Hypostatique, de laquelle ils disent qu'elle est * produite par le S. Esprit, & par la Trinité, que c'est le Baume & l'Onction dont l'Humanité a esté consacrée, & pour laquelle enfin, ils emploient les mesmes expressions, dont se servent ceux qui veulent que cette union soit quelque Entité reéllement distincte : aussi vous reconnoissez des habitudes & des qualitez surnaturelles, infuses par le S. Esprit dans l'ame des fidelles, quoy que vous ne vouliez pas que ce soient de nouvelles Entitez. Outre que,

Vide-Mar-tinon Et De Bugis. lib. 7. de Incarn.

A VN CARTESIEN. 71

de trés-grands * Theologiens souftiennent, que la foy ne nous oblige point de reconnoiftre des habitudes furnaturelles, comme des formes, & des qualitez diftinctes & inherentes.

<small>Vafquez 1. 2. difp. 79. cap. 1. citans Sotum & Canum. item 22. difp. 203.</small>

Et à l'égard de l'Euchariftie, je fçay que vous dites que les apparences du pain & du vin qui fubfiftent aprés la confecration, peuvent eftre un figne fuffifamment fenfible, & que ces mefmes apparences peuvent fubfifter par miracle, fans qu'il y ait aucun accident reél & phyfique: Que la Tranfubftantiation eft une maniere de Converfion *toute finguliere*, & qui n'a rien de * femblable avec les converfions naturelles, comme remarque S. Thomas: qu'auffi

<small>XXVIII *Et à l'égard de l'Eucha-riftie pour les accidens.*</small>

<small>3. p. q. 75. art. 4.</small>

il n'y a rien de commun qui demeure, sinon le *Concept Metaphysique de l'être*, ainsi que le dit expressément le mesme S. Thomas. Que si ce S. Docteur avoüe en un endroit, * que les accidens peuvent par quelque sorte de rapport & de similitude, passer pour sujet commun dans cette conversion ; on en peut dire autant des apparences qui subsistent les mesmes, de quelque maniere qu'on explique ces apparences. Que si l'on pense qu'il y auroit de la tromperie dans ces apparences ; il faut aussi penser qu'il y en a dans les accidens. Mais S. Thomas fait voir, que cecy ne se peut nommer tromperie ny illusion, parce que ces termes se prennent toûjours en mauvaise

Ibid.

* a. 5.
4m.

vaise part, & marquent quelque malice & quelque fraude
du costé de celuy qui nous
trompe ; ce qui est fort eloi-
gné de la maniere infiniment
juste, dont Dieu en use dans
ce Sacrement, où pour des raisons qui nous sont tres-avan-
tageuses, il a voulu exercer
nostre foy, en nous cachant
ces mysteres sous les mesmes
apparences : qu'ainsi dans cette Hypothese des seules apparences, il n'y auroit pas plus
d'illusion que dans celle des
accidens reels, parce que nos
sens ne jugent que des seules
apparences ; & si nous nous
trompons, c'est en ce que nos
jugemens se precipitent à dé-
terminer qu'outre cette apparence, il y a du pain & des accidens : Que si les apparences

D

nous portent naturellement à juger qu'il y a quelque substance reelle qui les souſtient, on en peut dire autant des accidens.

29. De la propoſition de Vuiclef.

Quant à la propoſition de Wiclef, vous dittes qu'elle eſt aſſurément bien condamnée : mais qu'il ne s'enſuit pas pour cela qu'il y ait des accidens qui ſubſiſtent : Que cet heretique diſant *Que les accidens ne demeuroient pas ſans ſujet*, vouloit dire que le pain & le vin ſubſiſtoient pour ſujet des accidens : ce qui eſt contre la foy. Que la diſpute qui s'eſtoit élevée dans l'Egliſe, n'eſtoit pas s'il y avoit des accidens au monde, ou non ; mais ſi le corps & le ſang de J. C. eſtoient veritablement preſens, & ſi la ſubſtance du pain & celle du vin, ceſſoient d'eſtre dans l'Euchariſtie : qu'ainſi le Concile en condamnant cette propoſition de Wiclef, *Les accidens ne demeurent point ſans ſujet*; n'a jamais pretendu eſtablir cette propoſition *Qu'il y a des accidens qui demeurent ſans ſujet* : de quoy il ne s'agiſſoit nullement : mais qu'il a voulu définir *Que les accidens ne demeurent point avec le ſujet*, c'eſt-à-dire avec la ſubſtance du pain & du vin, qui eſt ce que pretendoient les heretiques. Auſſi un grand Cardinal * avoit remarqué que cette propoſition, que *des accidens demeurent ſans ſujet*, n'eſt certaine dans la foy, ſinon hypothetiquement, ſuppoſé qu'il ſoit vray que les accidens ſont des eſtres reels & abſolus, ou qu'ils ſubſiſtent

Vide Joan. Præpoſitum 3. p. q. 77 a. 2. dub. 1. n. 5.

Petrus de Alliaco in 4. q. 6. a. 3.

D ij

dans l'Eucharistie; mais que cela n'estant pas certain dans la Physique, cette autre proposition ne peut avoir de certitude dans la foy.

30. Du Canon du Concile de Trente.

Vous adjoustez que le Concile de Trente ne s'est jamais voulu servir du mot d'accident : & comme remarque Soto qui avoit assisté au Concile, c'est avec reflexion que les Peres ont toûjours employé le mot de *Species* : *manentibus solùm speciebus*, qui est en effet la maniere ordinaire de parler dont se sont servis les saints Peres. Or ce mot de *Species* veut dire des apparences, & ne signifia jamais des accidens réels. Mais parce que depuis que la Philosophie d'Aristote a prevalu dans l'école, on s'étoit persuadé que ce qui cause

A VN CARTESIEN. 77
cette apparence que nous remarquons dans les choses, c'estoient de certaines petites Entitez distinctes qu'on appelloit des accidens ; on a aisément confondu l'un avec l'autre : & comme d'ailleurs le langage des Peres, & nostre propre experience nous convaint que les mesmes apparences du pain & du vin demeurent ; on a cru aussi que les accidens demeuroient. Mais que le Concile de Trente n'a point voulu mesler les problemes de la Philosophie avec les dogmes de la foy. Et puisqu'il n'a jamais employé le mot d'accidens, déclarant seulement que dans l'Eucharistie, il n'y a ny pain ny vin, & que le corps & le sang de J. C. y sont sous les seules apparences du
D iij

pain & du vin : vous ne croyez pas qu'on puisse exiger autre chose de vostre creance, puisque vous faites profession de croire entierement ces deux points, qui sont ainsi déclarez par le Concile, sçavoir la présence reelle du corps & du sang de J. C. & l'absence totale de la substance du pain & du vin.

31. Monsf. Desc. a parlé d'une façon choquante sur le sujet de l'Eucharistie.

Je sçay que vous dittes tout cela, Monsieur, & que de plus vous pretendez mesme de pouvoir expliquer par vos principes, comment les mesmes accidens subsistent effectivement dans l'Eucharistie. Mais aprés tout vous m'avoüerez que ceux qui ont un peu de zele & de tendresse pour leur foy, ne s'engagent jamais à des sentimens qui ont besoin de tant d'interpretations pour eſtre conformes à la creance de l'Egliſe. Si jamais les loix de la prudence nous obligent d'aller toûjours au plus ſeur, il eſt évident que nous ne ſçaurions quitter ce ſentiment univerſel des Docteurs catholiques, où nous ne pouvons faillir, pour prendre un ſentiment contraire qui ne peut eſtre que douteux ; & que la pluſpart des Docteurs nonobſtant toutes vos raiſons, condamnent comme une hereſie formelle. Mais ce que je trouve le plus à redire dans le procedé de Monſieur Deſcartes. c'eſt la façon dont il parle de cecy. Il dit que la maniere dont les Theologiens expliquent la *Tranſubſtantiation eſt inconcevable* : Qu'il y a *une manifeſte contradiction* à croire que les accidens subsistent sans sujet, & que ce ne soient pas des substances. Que *c'est pour cela que quelques-uns se sont éloignez de la creance de l'Eglise Romaine: Que le temps viendra auquel cette opinion qui admet des accidens réels, sera rejettée par les Theologiens, comme peu seure dans la foy, repugnante à la raison, & du tout incomprehensible, & que la sienne sera receuë en sa place comme certaine & indubitable.* Il faut avoüer que Dieu a mal pourveu aux necessitez de l'Eglise: s'il eust envoyé Monsieur Descartes au temps que les Heresiarques se soûleverent, sans doute que ce grand homme les auroit tous appaisez, & que par les lumieres de son esprit, il auroit bientost dissipé ces tenebres qu'avoit causé la confusion & l'ignorance des Docteurs Catholiques. Monsieur Descartes n'espere pas encore assez du succez futur de sa doctrine. Que ne dit-il plustost que le temps viendra, auquel les Theologiens reconnoissant de bonne foy qu'il y a une manifeste contradiction dans le mystere de l'Eucharistie, fermeront la bouche à tous les Heretiques avec ce mot qu'ils auront appris de luy, Que Dieu est le maistre de la Nature, qu'il peut renverser l'essence des choses, & qu'il luy est aisé de faire l'impossible.

Je puis joindre à tout cecy ce que disent vos Messieurs touchant l'union de l'ame & du corps. Il y a apparence qu'ils ne disent rien en cela,

32. *Suivant les Cartesiens, il n'y a que Dieu qui puisse produire le mon-*

que ce qu'ils ont appris par tradition de leur Patriarche. Car je voy qu'ils s'accordent tous en ce point, & que tout d'un coup on a fait paroiſtre divers ouvrages où cette maniere d'union eſt expliquée. Outre que Monſieur Deſcartes s'eſt luy-meſme ſuffiſamment expliqué ſur ce ſujet, & l'on tire aiſément de divers endroits de ſes ouvrages, qu'il ne l'entendoit point autrement. Ces Meſſieurs donc pretendent nous faire entendre clairement tout le myſtere de cette union, & pour cela ils commencent par dire qu'aucune creature poſſible ne peut agir en façon du monde ſur les corps pour les mouvoir. Voila déja une eſtrange avance qu'il nous faut faire, pour

vement local.

A VN CARTESIEN. 83
ne trouver plus de difficulté
dans l'union du corps & de
l'ame. Quand nous voyons
qu'un boulet de canon est porté avec violence contre le
mur; nous nous imaginons
que la ruine qui survient dans
la muraille est causée par ce
boulet: Mais nous nous trompons lourdement. Il n'y a ny
canon, ny poudre, ny boulet,
ny machine, ny homme, ny
ange, ny creature imaginable
qui soit capable d'ébranler u-
ne chaumine. C'est Dieu uniquement qui à l'occasion du
feu, pousse luy-mesme le boulet, & qui à l'occasion du boulet poussé, renverse la muraille, laquelle autrement demeu-
reroit inébranlable. De mesme lors que nous voulons remuer le doigt, & que le doigt
D vj

se remuë ; nous croyons que c'est nous en effet qui le remuons : mais c'est une erreur qui fait tort au souverain domaine de Dieu. Ce n'est nullement nous qui remuons le doigt ; toutes les forces creées ne sont pas suffisantes pour cela : c'est Dieu seul qui suivant la resolution qu'il en a prise dés le commencement, à l'occasion de l'acte de nostre volonté, produit luy-mesme ce mouvement dans nostre doigt. En un mot c'est Dieu qui fait tous les mouvemens qui arrivent dans le monde, & tout ce que font en cela les creatures, c'est de servir à Dieu d'occasion, afin qu'il execute ce qu'il a resolu de faire en telles & telles circonstances. De sorte que tous les effets que nous

À VN CARTESIEN. 85

voyons dans la nature ne font que des operations de Dieu & des fuittes du *Pacte* qu'il a fait avec luy-mefme : Je m'imagine que c'eſt à peu prés comme ces effets extraordinaires que font les demons, en fuitte du pacte qu'ils ont fait avec les Sorciers.

Cette opinion n'eſt pas nouvelle : elle a defia eſté examinée par les Theologiens. Et quand je vous diray que Suarez la traitte d'extravagante, de temeraire & d'erronée en la foy, vous ne voudrez pas recevoir fon témoignage : Suarez neantmoins eſt aſſurement un grand homme, & qui peut juger de ces matieres. Mais je vous allegue un autheur, à l'authorité duquel vous n'avez rien à redire. Saint

*35. Cette opinion a eſté cenſurée par S. Thomas. * Vetus fuit fententia afferens res creatas nihil operari, fed Deú ad præfentiam earum omnia efficere : tribui autẽ actioné ne igni, a-*

Thomas au 2. des Sentences, rapporte qu'il y avoit divers sentimens en cecy parmy les Philosophes, dont quelques-uns vouloient que Dieu fist immediatement toutes choses: de sorte qu'à proprement parler, il n'y avoit point d'autre cause au monde des effets sensibles, que Dieu. Ainsi que le feu n'échauffoit pas, mais que c'estoit Dieu à la presence du feu: que ce n'estoit pas la main qui se remuoit, mais que Dieu en certaines circonstances ayant égard à celuy à qui appartient la main, faisoit luy-mesme ce mouvement. Je ne crois pas que vous disconveniez que ce ne soit là le sentiment de vos Messieurs. Voicy maintenant le jugement qu'en fait saint Thomas. *Hæc*

quæ &c. propter apparentiam & quia Deus veluti PEPIGIT non efficere tales effectus nisi ad talü rerum præsentiam. Suares Met. disp. 17. s. 1.
* q. 1. art. 4. c.

A VN CARTESIEN. 87

positio stulta est. Vous traduirez ces paroles comme il vous plaira, *Hæc positio stulta est, quia ordinem tollit universi, & propriam operationem à rebus, ac destruit judicium sensus* : Et en un autre endroit * il dit que cette mesme opinion, *derogat divinæ sapientiæ, bonitati & virtuti*. Vous pouvez voir par là, ce qu'on peut dire de vos Messieurs qui renouvellent sans y penser des opinions que Saint Thomas a jugé qui étoient extravagantes & contraires à l'experience de nos sens, qui dérogeoient à la sagesse, à la vertu & à la bonté de Dieu.

* Contra Gent. cap. 69.

Au reste ces Philosophes que condamne ainsi saint Thomas ne parloient que de ce qui se fait dans les corps. A la

34. Suivant la doctrine des Cartesiens nos ames ne

produi-roient point en elles-mesmes leurs pensées.

verité vos Messieurs ne parlent aussi que des mouvemens, & par consequent de toutes les actions des corps, puisque dans vos principes tout se fait par le seul mouvement local: mais il est visible que les raisons qu'ils apportent pour prouver qu'aucune creature possible ne sçauroit produire aucun mouvement dans les corps, prouveroient aussi, si elles pouvoient quelque chose, que nos ames ne sçauroient produire en elles-mesmes aucunes pensées, & que Dieu seul produit en nous tous les mouvemens de nos esprits & de nos volontez. Et en effet, dans tout leur raisonnement, vous n'avez qu'à substituer le mot de Pensée ou d'acte de nostre volonté en la place de celuy de Mouvement, & vous verrez que tout ce qu'ils concluënt de l'un, se peut conclure des autres. Tout leur raisonnement est, que nulle action ne peut estre conservée que par celuy qui l'a une fois produite. Or à considerer le mouvement des corps, comme il n'y en a pas un qui ait le mouvement de soy-mesme, & qu'ainsi tout corps qui est dans le mouvement est meu par quelque autre cause ; il faut necessairement reconnoistre qu'il y a un premier moteur, sçavoir Dieu, qui ait produit de son plein gré le premier mouvement dans les corps : que par consequent c'est luy aussi qui le conserve, c'est-à-dire, qui continuë à le produire. Voila à mon avis tout leur raisonnement.

35. Application du raisonnement des Cartésiens aux operatiõs de l'ame.

* 8. Phy. & 12. Metaphyſ.

a 7. Moral. Eudem.

b 1. 2. q. 9. a. 4. c.

c De caſu diaboli cap. 12. & 13.

Mais vous ſçavez que comme Ariſtote dans les livres de * Physique, & aprés luy S. Thomas ont trés-bien montré la neceſſité du premier moteur, par cela meſme, que tout corps qui eſt meu, doit avoir eſté meu par une cauſe étrangere. Auſſi le meſme Ariſtote *a* dans ſes livres de morale, & aprés luy encore ſaint Thomas *b* & S. Anſelme *c* ont par un ſemblable raiſonnement, prouvé la neceſſité du premier moteur pour donner le branſle à nos volontez. Il n'y a rien de mieux penſé que ce que ſaint Thomas dit ſur ce ſujet en divers endroits : tous les Theologiens en demeurent d'accord, & on n'eſt en different que pour ſçavoir, ſi pour chaque choix de nostre libre arbitre, il faut une impulsion particuliere de la part du premier moteur, comme veut Vasquez; & c'est en effet le sentiment de saint Thomas: ou bien s'il suffit que Dieu une fois pour toutes, ait émeu nos volontez par l'inclination generale qu'il nous donne pour aller au bien comme veut Suares, & il semble que ce soit le sentiment de S. Anselme. Mais quoy qu'il en soit, il est aisé de nous convaincre qu'il faut en venir à une premiere motion qui ne peut venir que de Dieu. Aprés cela, je n'ay qu'à faire ce raisonnement comme ces Messieurs: Ce premier mouvement du corps ou de nostre ame est une action: Toute action doit necessaire-

Ibid.

In 1. 2.
tract. 2.
d. 6. f.
7. n. 5.

ment eftre confervée par celuy-là feul, qui feul l'a une fois produitte : Donc quand un corps pouffé contre un autre femble produire le mouvement dans cet autre corps ; ce mouvement eft produit uniquement de Dieu feul, qui fans doute a réfolu de le faire ainfi, & de produire ce mouvement dans le corps frappé enfuite du mouvement qu'il auroit produit dans le corps frappant. Donc auffi quand aprés la majeure & la mineure d'un Syllogifme, noftre efprit vient à acquiefcer à la conclufion : ou bien quand aprés une longue deliberation, la volonté fe determine & choifit : ce n'eft pas noftre efprit qui produit en luy-mefme cet aveu & ce confentement qu'il luy femble donner à la conclufion du Syllogifme; ce n'eft pas non plus noftre volonté qui fait ce choix, & qui fe détermine : C'eft Dieu uniquement qui produit en nous ces mouvemens, c'eft-à-dire ces actes de noftre entendement & de noftre volonté : & il le fait de la forte, parce que fans doute il a réfolu de produire ainfi le mouvement de la confequence aprés avoir produit le mouvement des premieres propofitions, & de mefme de produire en nous le mouvement du choix aprés le mouvement de la deliberation.

En bonne foy, Monfieur, que vous femble de ce raifonnement, où l'on dit des actions

36. *En cette applifcation il ne manque rien à*

l'égard des pensées de ce qu'on dit à l'égard des mouvemens.

de l'ame, ce que vos Messieurs disent de celles du corps ? Direz-vous que ce raisonnement ne conclud pas bien à l'égard de l'ame ? Mais que luy manque-t-il de ce qui se trouve dans le discours que vous faites à l'égard du corps ? Direz-vous que l'ame a une puissance active pour produire ses propres pensées, & que Dieu luy donne cette premiere impulsion en sorte que c'est neantmoins elle qui agit, & qui est la cause qui produit en elle-mesme cette pensée ? Mais ne puis-je pas nier cela avec la mesme facilité, que vous le niez à l'égard du mouvement des corps ? & ne puis-je pas vous dire que tout ce que nous experimentons, c'est qu'il y a dans nostre ame des pensées, qui nous surviennent à diverses occasions les unes apres les autres, comme nous voyons que divers mouvemens se suivent dans les corps qui se rencontrent : mais que nous n'experimentons pas que ces pensées soient en effet produites par nostre ame mesme, comme nous n'experimentons pas que ces mouvemens soient produits par les corps. Vous voyez bien la ressemblance toute entiere entre les pensées & les mouvemens : Quoy donc avoüerez-vous que ce discours conclud également à l'égard de l'un & de l'autre? Mais si cela est, que deviendra nostre liberté? il faudra donc dire que nous ne faisons rien : que nous sommes des instrumens morts ; que Dieu fait tout en nous, qu'il manie nos esprits & nos volontez comme un ouvrier manie ses outils, qui n'ont en eux le moyen de faire aucun mouvement que celuy qu'il plaist à l'ouvrier de leur donner. Mais vous voyez bien, Monsieur, que c'est là ce qu'il y a de plus horrible dans l'heresie des Lutheriens. Cela me fait un peu de peine.

37. En quoy manque le raisonnement des Cartesiens. Ce que je trouve en cecy de plus surprenant, c'est de voir que vos Messieurs, qui sont gens d'esprit s'il en fust jamais, qui ont une connoissance parfaite de la Geometrie, & qui par consequent doivent estre faits aux demonstrations; prennent pour une veritable demonstration ce qu'ils disent icy de la cause du mouvement.

mouvement. Mais est-il possible qu'on veuille faire passer pour un principe incontestable, ce qu'ils mettent sous le titre d'*Axiome* à la façon des Geometres. *Qu'une action ne peut estre continuée que par l'agent qui l'a commencée*, & que de là ils prétendent démonstrer que le mouvement qui est une action & qui doit estre produit pour la premiere fois de Dieu mesme, ne peut par aprés estre produit d'aucune autre cause que de Dieu. Mais, Monsieur, cette proposition qu'on veut faire passer pour un axiome, à vostre avis a-t-elle la clarté & l'évidence des Principes ? ou plustost en la prenant au sens de vos Messieurs, n'est-elle point évidemment fausse ? Les mouvemens de nos ames,

E

c'est-à-dire nos pensées, ne sont-ce pas des actions ? ces mouvemens ne doivent-ils pas estre produits de Dieu en nous pour la premiere fois dans le sentiment de saint Thomas : faudra-t-il donc que Dieu produise luy-mesme immediatement toutes nos pensées, & tous les actes de nôtre volonté ? Mais pour prendre des exemples sensibles, une maison qui a esté bastie par un architecte ne pourra-elle subsister un moment sans le secours de celuy qui l'a faite ; ou bien pour éviter les chicanes que l'on me pourroit faire sur cet exemple, lorsqu'un homme agite une pendule, faut-il qu'il soit perpetuellement à la pousser pour entretenir son mouvement ? Je pourrois neantmoins en cet endroit raisonner de cette sorte : L'agitation de la pendule est une action : la pendule n'a point cette agitation d'elle mesme : il faut donc qu'elle soit determinée par quelque cause étrangere, c'est à dire, par un homme qui la prenne, qui la tire de son centre, ou qui la pousse de la façon qu'il la peut pousser. Nulle action ne peut estre continuée que par l'agent qui l'a commencée. Si donc nous voyons que cette agitation dure, & qu'apres une cheute il en survient une autre, il ne faut pas croire que celle-cy soit causée par celle-là, mais il faut reconnoistre que la mesme main qui a donné le premier branfle à la pendule, continuë d'y produire à sa façon chaque battement.

38.
Pensée extraordinaire des Cartesiens, touchant le mouvement.

Ce qui a pû leur donner quelque occasion de raisonner de la sorte, c'est à mon avis l'idée plaisante qu'ils ont du mouvement. Ces Messieurs, qui trouvent une manifeste contradiction à croire que Dieu puisse faire subsister les accidens sans sujet ; considerent le mouvement, aussi bien que le repos, comme un Estre immuable, dont Dieu a creé une certaine quantité dés le commencement du monde, qui subsiste toûjours depuis indivisiblement, & qui se transporte de sujet en sujet ; de sorte qu'à leur avis, le mouvement & le repos sont à peu prés à l'égard des corps, ce que l'Esprit estoit à l'égard des ames dans la fiction de ces Poëtes, qui vouloient que chaque ame allast à un reservoir commun puiser & avaller autant d'esprit qu'elle en pourroit prendre. Ou pour faire une comparaison plus juste, c'est comme la Terre que Dieu a creée, & qu'il a laissée aux hommes en partage: de sorte que c'est maintenant à eux à se disputer le terrain, & à faire à qui l'emportera: la terre subsistant toûjours la mesme, autant que les uns en acquerent, autant faut-il que les autres en perdent. De mesme Dieu a produit dés le commencement tout le repos & tout le mouvement. Il a laissé aux Corps tout cela en partage, comme en leur disant : Accommodez-vous entre vous, voila ce que je vous donne, menagez-le comme il vous plaira ; mais n'attendez rien davantage. Là dessus c'est aux corps à se battre : comme il n'y a plus de repos ny de mouvement produit de nouveau, aucun corps ne peut acquerir le moindre degré de mouvement ny de repos, qu'il ne l'enleve d'un autre corps. Peut-on rien penser de plus jolly ? & ne faut-il pas avoüer que Monsieur Descartes a infiniment de l'esprit ? Il ne faut donc point s'étonner si ces Messieurs ne considerant le mouvement que comme une action indivisible, ils disent en suitte que tout mouvement est produit immediatement de Dieu.

39. La difference du concours & Je ne me serois pas arresté si long-temps sur ce sujet, si je ne voyois que vos Messieurs

y ont del'attache & de la com- *de la pro-*
plaifance, & fi je ne croyois *duction*
que les fuittes en font tres im- *immédiate de*
portantes. J'ajoufte icy que *Dieu.*
s'il eft aifé de répondre à leurs
difcours, puifqu'il ne faut que
nier leur pretendu *axiome* ; Il
n'eft pas auffi fort difficile de
prouver qu'en effet les creatu- S. Thom.
res peuvent agir, & que les le prou-
corps eftant une fois agitez folide-
de Dieu, peuvent produire c. 8. cap.
des mouvemens. Mais remar- 69.
quez, s'il vous plaift, que nous
reconnoiffons tous la neceffité
du Concours de Dieu, c'eft-à-
dire que nous avoüons que
Dieu produit en effet toutes
chofes ; mais nous difons qu'il
peut produire en deux manieres. Quelquefois il agit immediatement par foy-mefme,
par fon propre choix, & fans

E iiij

attendre l'exigence ou la determination des creatures, & alors nous difons fimplement que Dieu produit. Mais quelquefois auffi il agit non pas immediatement par fon pur choix, mais par la détermination des creatures : & alors nous difons que les creatures agiffent, & que Dieu concourt avec elles à la production de l'effet. Or pour difcerner le concours d'avec cette production immediate de Dieu, voicy une regle infaillible. Comme ce qui vient uniquement du choix de Dieu, & ce qu'il fait de fon plein gré fans avoir égard à l'exigence des creatures, ne peut eftre preveû de quelque intelligence creée fi Dieu ne l'a revelé expreffement luy-mesme, ou s'il n'en a donné quelques autres marques qui le fassent connoistre ; nous devons conclure que les effets que nous pouvons naturellement prévoir que Dieu fera, ne se feront que par le concours, c'est à dire, à l'exigence, & à la détermination des creatures.

Or il y a de certains effets que nous pouvons prévoir par la seule lumiere de la raison, & sans avoir egard à ce que l'experience ou la foy nous ont apris. Et c'est ainsi qu'en renonçant à tout ce que nous sçavons par l'experience ou par la revelation, des-là que nous concevons qu'un corps tourne en rond, nous prouvons que toutes ses parties font effort pour s'éloigner

40. Qu'il y a des effets que Dieu ne produit qu'en concurant avec les creatures.

du centre de leur mouvement; & que si une de ces parties vient à se détacher, elle se mouvra en ligne droite par la tangente. Nous prouvons que si un corps est meu vers un autre corps par quelque force que ce puisse estre; cet autre corps, qui auparavant estoit immobile, doit commencer à se mouvoir s'il n'est d'ailleurs arresté & inébranlable, nous montrons des cas ausquels le corps meu se reflechira. Nous prevoyons les angles qui se feront dans la reflexion, nous déterminons les vitesses qui surviendront aprés les percussions. Et c'est en cette maniere que Monsieur Descartes luy-mesme a entrepris d'établir les loix du mouvement, par les seuls principes de la raison naturelle, & nullement par l'experience. Ainsi nous devons dire que tous ces mouvemens ainsi prevûs ne sont pas des effets du pur choix de Dieu, & de la resolution qu'il luy ait plû de prendre d'agir de la sorte plustost que d'une autre maniere qu'il auroit pû choisir : & il faut reconnoître que Dieu produit ces mouvemens en concourant suivant l'exigence naturelle des choses & la détermination des corps. Il n'en est pas ainsi de la Grace que Dieu produit dans nos ames, dans les Sacremens. Car quoy qu'en voyant les preparatifs qu'on fait pour baptizer un enfant, je puisse prédire infailliblement que la grace sera infuse; je ne puis neanmoins le faire qu'en vertu de la connoissance que me donne la foy. De mesme à considerer les dispositions de la matiere organisée dans un Embryon, on peut bien dire infailliblement qu'une ame raisonnable surviendra bien tost : mais ce n'est que par la connoissance que nous donne l'experience. Car ayant égard à la nature du corps seulement, quelque disposition qu'on y remarquast, on ne s'aviseroit jamais de penser qu'une ame raisonnable deust survenir pour animer ce corps, si l'experience ne nous avoit fait connoistre que cela ne se fait jamais autrement.

Quelle est l'uniõ de l'ame & ds corps selon les cartesiens

Venons maintenant à l'union du corps & de l'ame. Ces Messieurs la font consister en ce qu'il y ait un tel rapport entre le corps & l'ame, que certains mouvemens survenans dans le corps, Dieu produit infailliblement certaines pensées dans l'ame; & reciproquement, certaines pensées survenant dans l'ame, Dieu produit infailliblement certains mouvemens dans le corps. Ainsi quand nostre ame a cette pensée, ou plustost cette volonté *Ie veux mouvoir ma main*, Dieu incontinent meut ma main, & je suis heureusement trompé quand je m'imagine que c'est moy qui l'ay remuée. De mesme quand l'air agité d'un canon vient à fraper nos oreilles & à émouvoir par ce moyen de certains petits nerfs qui vont répondre à la Glande Pineale ; alors Dieu produit dans nos ames une certaine pensée que nous experimentons & que nous appellons sentiment du son. Voila toute l'union que ces Messieurs reconnoissent : ils n'en veulent point d'autre : & mesme ils nous veulent faire entendre qu'il est impossible d'en imaginer une plus propre que celle-là.

42. *L'action reciproque du corps & de l'ame seroit morale & non pas physique.*

Sur quoy j'ay deux difficultez. L'une, qu'à ce conte l'union de l'ame & du corps aussi bien que leurs actions reciproques de l'un envers l'autre, ne seroient point physiques mais seulement morales. L'autre, que cela peut avoir une mauvaise suite à l'égard de l'Union Hypostatique. Ceux des Theologiens qui ne veulent point d'autre vertu dans les Sacremens pour produire la grace, qu'une vertu morale, difent que Dieu a ainfi refolu de produire cette qualité furnaturelle de la grace, toutes les fois que ces fignes exterieurs feroient faits avec toutes les conditions requifes : Ainfi ils difent que ces fignes ne produifent point phyfiquement la grace, qui ne peut en effet proceder réellement que de Dieu : mais que comme Dieu eft determiné par ces fignes exterieurs à faire cette production, fuivant la refolution qu'il en a prife ; on dit auffi que ces fignes produifent moralement la grace. Ne faudrail pas dire la mefme chofe des mouvemens du corps & des penfées de l'ame ? que l'ame ne produit le mouvement du corps que moralement, & que le corps n'agit auſſi que moralement ſur l'ame. Peut-eſtre que vous trouverez quelque difference entre la maniere d'agir des Sacremens, & celle qui eſt reciproquement en l'ame & au corps; puis que vous pourriez dire qu'on appelle action morale, celle qui eſt produite de Dieu par une inſtitution ſinguliere : & qu'on appelle action phyſique, celle qui eſt produite auſſi de Dieu par une inſtitution ordinaire dans tout l'eſtat de la nature. Mais à ce conte, il faudra dire auſſi que la matiere diſpoſée produit phyſiquement l'ame raiſonnable : puis que cette production ne ſe fait que par une inſtitution ordinaire à toute la nature, qui n'a jamais eſté autrement. Choiſiſſez lequel il vous plaira des deux, ou dites que la matiere produit physiquement l'ame raisonnable, ou bien avoüez que l'ame & le corps n'agissent que moralement l'un à l'égard de l'autre : Car enfin suivant vos principes, l'ame n'est pas autrement la cause du mouvement du corps, que la matiere disposée l'est de l'infusion de l'ame.

D'ailleurs il s'est trouvé des Theologiens qui ont expliqué la grace habituelle, par une certaine union qu'ils disoient estre entre le Saint Esprit & l'ame du juste : en telle sorte que l'ame se determinant à produire un acte par exemple de charité, le Saint Esprit par un concours extraordinaire, produisoit cet acte & le faisoit

43. L'union du corps & de l'ame ne seroit non plus que morale.

surnaturel : & reciproquement le Saint Esprit agissant d'une maniere qui luy est connuë ; certains actes aussi surnaturels s'en ensuivoient dans l'ame du juste. Quoy qu'il en soit de ce sentiment, on ne diroit jamais pour cela que le Saint Esprit fust uny physiquement à l'ame, mais seulement on diroit qu'il y auroit là une union morale. N'est-ce pas là la mesme chose à l'égard de vostre union de l'ame & du corps?

44. Quelle consequence on peut tirer de là touchant l'union Hypostatique.

Mais ce qui me paroist plus important, c'est que de là il s'ensuit que vos Messieurs n'admettront point d'autre union entre le Verbe & l'Humanité dans J. C. que celle que reconnoissoit Nestorius. Cet Heresiarque qui vouloit deux

A VN CARTESIEN. 115
Personnes aussi bien que deux Natures dans J. C. n'établissoit son erreur que dans la pensée qu'il avoit que Dieu n'étoit pas reellement & physiquement uni à l'homme. Les Docteurs les plus penetrans remarquent que ce n'estoient pas là deux heresies differentes de Nestorius, & que la multiplicité des Personnes qu'il soûtenoit, n'estoit qu'une suitte indivisible du defaut d'union laquelle il ne vouloit point reconnoistre. Cependant il est visible que Nestorius admettoit entre Dieu & l'homme une union toute semblable à celle que vos Messieurs disent estre entre l'ame & le corps. Il reconnoissoit ce rapport entre ces deux Natures, qu'elles agissent reciproquement l'une

<small>De Bu-gis de Incar. l. 7.</small>

à l'égard de l'autre: que le Verbe eternel agissant d'une certaine maniere, de certaines actions de l'homme s'en ensuivoient infailliblement: & de mesme que l'homme agissant de son costé le Verbe se trouvoit tout disposé à agir & à annoblir ces mesmes actions de l'homme d'une façon qui les pourroit distinguer de toutes les actions du reste des creatures. Cependant cette sorte d'union que reconnoissoit Nestorius a esté condamnée d'heresie, & il a esté declaré qu'il falloit quelque autre chose. Les Sociniens se sentiront fort obligez à vos Messieurs s'ils s'avisent de leur doctrine: car sans changer de creance sur le mystere de l'Incarnation, ils pourront dire qu'ils ont les sentimens que demandent les anciens Docteurs de l'Eglise. On sçait que les Peres ne demandent point une plus forte union dans J. C. entre la nature divine & la nature humaine, que celle qui se trouve en l'homme entre l'ame & le corps. Du moins ils se sont toûjours servis de cet exemple, & ils ont dit que le Verbe & l'homme font un J. C. comme le corps & l'ame font un homme. Ainsi puisque vous ne voulez point d'autre union dans l'homme que ce rapport reciproque de pensées & de mouvemens, en sorte qu'à l'action du corps l'ame agisse, & reciproquement à l'action de l'ame le corps agisse aussi ; vous ne sçauriez exiger d'autre union dans J. C.

qu'un semblable rapport d'operations reciproques entre ces deux natures.

45. Que l'union de l'ame & du corps est incomprehensible.

Au reste vos Messieurs ne prennent pas bien ce me semble, la chose comme elle est. Ils veulent expliquer la maniere d'union qui est entre le corps & l'ame, & ils pretendent rendre cela plausible, & faire comprendre ce mystere sans aucune difficulté. C'est à mon avis, vouloir faire l'impossible. Cette union est un mystere inexplicable, comme remarquent les saints * Peres. Nous sommes bien convaincus qu'il y a en effet une union : mais la maniere dont se fait cette union est entierement inconnuë. Et ç'a esté sans doute une providence particuliere de Dieu, de nous fai-

Greg. Nyss. de Opif. Hom. c. 16.

A VN CARTESIEN. 119
tre ainsi voir en nous-mesmes
une image de cette union incomprehensible du Verbe:
pour nous faire comprendre
que celuy qui peut unir en
nous deux naturels aussi differens que le sont le corps & l'esprit, n'ignore pas le moyen
d'unir encore la nature divine
avec la nature humaine.

Voila, Messieurs, les pre- *46. Quelques difficultez particulieres touchant la Physique de M. Des.*
mieres difficultez que j'ay sur
la doctrine de Monsieur Descartes qui regardent toutes la
Religion : j'en ay encore quelques autres qui ne regardent
que la pure Physique, & qui
ne me donnent pas à proportion moins de peine à resoudre
que les precedentes. Je ne veux
pas vous les proposer icy, parce-
que je sçay qu'une personne
qui entend fort bien ces ma-

tieres a entrepris de faire un recueil des fautes qu'il a remarquées dans cette nouvelle Physique. Il m'en a bien voulu communiquer quelque chose : & je suis pleinement convaincu que Monsieur Descartes a dit plusieurs choses insoûtenables. Je laisse tout cela pour dire un mot de ce qui a déja esté fait.

47. Ce que M. Descartes dit de la Glande Pineale des Muscles & de la Retine.

Vous sçavez ce que Monsieur Descartes dit de la Glande Pineale. Tout ce qu'il a fait sur les passions & sur les operations des animaux est étably sur ce qu'il avance à l'égard de cette glande, où il suppose que toutes les fibres & tous les nerfs vont aboutir, pour y faire le siege de l'ame. Mais que sera-ce, si cela n'est pas veritable, & si on luy fait voir

voir que dans cette glande il n'y a ny fibres, ny nerfs qui y aboutiſſent ? Que ſera-ce ſi cette glande n'eſt pas dans la ſituation que Monſieur Deſcartes ſuppoſe, & qui eſt neceſſaire pour ſouſtenir tout ſon ſyſteme de l'homme? C'eſt pourtant ce qu'a fait voir Mr. Stenon : C'eſt ce qu'on montre viſiblement à l'Academie Royale, & dequoy il faut convenir, à moins qu'on ait plus de déference pour l'idée de Monſieur Deſcartes que pour le témoignage de ſes propres yeux. Vous ſçavez ce qu'il dit encore des valvules reciproques qu'il a imaginées pour expliquer le mouvement des membres ; Mais les plus habiles Anatomiſtes font voir que dans ces parties il n'y a pas la moindre apparence de ces valvules pretenduës. Vous fçavez de plus ce qu'il a dit de la compofition de la Retine, où il veut que tous les filaments du nerf optique fe terminent d'vne certaine maniere : Et cependant Monfieur Mariote fait voir que la Retine eft une peau uniforme qui n'a nulle conjonction avec le nerf optique.

48. Qu'il s'eft trõpé dans les regles du mouvement.

De plus vous fçavez que toute la Phyfique de Monfieur Defcartes eft eftablie fur les loix du mouvement qu'il a pretendu demonftrer & expliquer au commencement de fes Principes. Dans toute la fuite de fon ouvrage il cite perpetuellement ces regles du mouvement, & il nous renvoye fans ceffe aux loix de la nature ou de la mechanique qui font toutes fondées sur les sept regles qu'il a voulu establir en ce lieu-là * mais que fera-ce de cette belle Physique si ces regles du mouvement sont fausses, & si Monsieur Descartes s'est trompé dans ce qu'il a pris pour les loix de la nature ? Ne faut-il pas que tout le corps de sa doctrine, comme une Republique qui n'est point gouvernée par les loix de l'Estat, soit dans le desordre & dans la confusion ? Cependant on dit qu'en effet Monf. Descartes s'est trompé dans l'intelligence de ces loix de la nature : & l'Autheur *du discours du mouvement local*, pretend demonstrer que des sept regles du mouvement que Monsieur Descartes a voulu

* Princ. 2. par. §. 46. 47. &c.

establir, il n'y en a qu'une de veritable, & que les six autres sont fausses. J'ay lû ce livre & je suis tout à fait couvaincu qu'il dit vray. Je n'ay point veu qu'on y ait répondu ; Cependant ce livre a paru en divers endroits : il a esté traduit en Angleterre : on a mis mesme à la teste de cette traduction que c'estoit contre Monsieur Descartes. Je n'ay pas appris neantmoins qu'en Angleterre non plus qu'en France personne ait entrepris d'y repondre.

49. Et dans la propagation de la lumiere.

De plus à la fin de ce mesme discours on a adjousté quelques remarques sur une lettre de Monsieur Descartes, touchant la lumiere. Cette lettre est écritte avec beaucoup de soin : Comme il s'a-

gissoit d'une matiere qu'il esti‑
moit luy mesme une des plus
importantes de sa Philosophie
& dont aussi il croyoit estre le
plus asseuré ; il y a parlé avec
beaucoup de fermeté, & il
s'est estudié à répondre avec
plus de force quand on l'a
attaqué sur ce point. Nous
n'avons qu'à considerer com‑
me il parle luy-mesme pour
voir combien il avoit cela à
cœur : *Je pensois* (dit-il) *sça‑* Lett.17.
voir cela si certainement, que si tom. 2.
on me pouvoit convaincre de fauf‑
seté là-dessus, j'estois tout prest
d'avoüer que je ne sçavois rien du
tout en Philosophie....Je disois que
s'il se rencontroit en cela le moindre
intervalle de temps, j'estois prest de
confesser que toute ma Philosophie
estoit entierement renversée. Vous
voyez l'assurance avec la‑

quelle Monsieur Descartes declare icy son sentiment : il parle de la sorte parce qu'il pensoit avoir demonstration de ce qu'il avançoit, comme il l'a expliqué dans la suitte de cette lettre. Mais dans les remarques dont je parle, on fait voir que Monsieur Descartes s'est trompé, que sa pretenduë demonstration n'est qu'un pur paralogisme, & que mesme dans la suitte de son discours il y a du moins trois ou quatre erreurs insoustenables. Il n'y a rien qui doive estre si sensible à un Geomettre que le reproche qu'on luy fait d'avoir commis un paralogisme, sur tout quand il s'agit d'une matiere qu'on estime importante, qu'on y a pensé fort serieusement, & qu'on a fait de

A VN CARTESIEN. 127
grandes avances pour témoigner l'assurance avec laquelle on croit estre certain des choses. C'est à vous autres Messieurs à sauver l'honneur de vostre Maistre, puisque vous vous interessez si fort à tout ce qui le touche.

Mais Monsieur quand vous m'aurez pleinement satisfait sur tous ces points qui concernent la Religion, & qu'ensuitte vous m'aurez fait voir que Monsieur Descartes ne s'est point trompé en effet dans aucun de ces endroits de Physique; apres cela vous n'aurez encore rien fait à mon égard, parce que pour mon entiere conversion, il vous restera à me monstrer que la Philosophie, ou si vous voulez la Methode de M. Descartes

50. La Philosophie de Mr. Descartes s'arreste à la surface des choses, & celle d'Aristote passe plus avant.

F iiij

est meilleure que celle d'Aristote que j'ay suivie jusques à cette heure : Car autrement vous voyez bien qu'il n'y a pas de la bien-seance à me presser de changer de sentiment & de créance. C'est pourtant ce que j'ay peine à croire que vous puissiez faire ; & à vous dire franchement ma pensée, je suis un peu prevenu sur ce point, & je suis persuadé qu'avec toutes vos experiences & toutes vos demonstrations de Geometrie vous vous arrestez à l'écorce, au lieu qu'Aristote penetre jusqu'au cœur de la nature. Cela vous paroist surprenant Monsieur, & vous croyez que je me raille : car en effet vous avez oüy dire cent fois à vos Messieurs que dans la Philosophie de l'ecole on n'enseigne rien de la nature, qu'Aristote ne dit que ce que tout le monde sçait déja, qu'on répond à toutes les questions par une Qualité, par une Vertu, par une Forme, qui ne donnent aucune nouvelle connoissance : au lieu que Monsieur Descartes passe bien plus avant : qu'il explique les choses comme elles sont en elles-mesmes : qu'il fait entendre leur nature, & qu'il rend raison de tous leurs effets.

Vos Messieurs parlent bien à leur aise, quand au milieu d'un Cercle, ils disent tout ce qui leur plaist touchant la doctrine d'Aristote, sans qu'il y ait personne qui les puisse contredire. Ils tournent alors tout en ridicule. Ils font faire

51. *La façon dont parlent les Cartesiens de la Philosophie ancienne n'est pas honneste.*

aux Philosophes des raisonnemens admirables, & ils les font monter de degré en degré, pour les conduire enfin au comble de l'extravagance. Il ne faut donc pas s'étonner si tant de personnes qui n'ont jamais leu Aristote, & qui n'ont entendu parler de la Philosophie ordinaire, si ce n'est en la maniere qu'il plaist à ces Messieurs d'en parler; pensent qu'en effet la Philosophie d'Aristote est telle qu'ils l'entendent décrire. Ce procedé asseurement n'est pas bien honneste. Car enfin de cette maniere les choses les plus serieuses pourront estre tournées en ridicules, & on pourra faire passer pour extravagant l'Autheur du monde le plus solide.

A VN CARTESIEN. 131

Que direz-vous, Monsieur, si dans une compagnie, d'honnestes gens qui n'ayant jamais rien appris de la doctrine de Monsieur Descartes, me prieroient de leur en dire quelque chose; je commençois par leur dire brusquement, que Monsieur Descartes veut que le Soleil ne soit qu'un ramas de poussiere, & d'une certaine raclure ou limaille qui s'est faite des parties de la matiere qui se tournant sur leur centre, se sont froissées & usées les unes contre les autres. Que la terre a esté autrefois une estoille fixe du Firmament, ou plustost un Soleil qui éclairoit un monde particulier ; mais que de certaines fumées s'étant levées & épaissies autour de ce Soleil, avoient for-

52. Qu'il est aisé en faisant comme eux de tourner en ridicule la Philosophie de Monsieur Descartes.

F vj

mé une crouste qui le renfermoit & l'empeschoit de faire son mouvement ordinaire : d'où vient que ne pouvant plus demeurer en sa place, ny faire la fonction de Soleil dans son tourbillon, il en avoit esté chassé : de sorte que ce pauvre Soleil, ainsi banni de son Royaume s'en alloit errant par l'univers comme une comete fatale, & qu'enfin entrant dans le tourbillon où nous sômes, il s'y étoit arresté parmy les planettes & estoit devenu terre & planette luy-mesme, comme les autres planettes sont aussi autant de terres qui ont encore esté autrefois autant de Soleils. Je croy que Monsieur Des-Fourneilles aura assez de peine à trouver tout cela en termes formels dans le premier chapitre de la Genese.

Que diriez-vous encore si je disois qu'au sentiment de Monsieur Descartes il y a danger qu'il n'en arrive un jour autant à nostre Soleil mesme, & que les taches qui se forment au tour de luy, ne viennent à s'épaissir & à le renfermer entierement dans une crouste obscure & impenetrable : & que par consequent il ne soit aussi chassé de son tourbillon, & n'entraine avec luy la terre & les autres planettes pour aller faire luy-mesme la fonction de terre & de planette dans quelque autre tourbillon.

53. Quelques sentimens plaisans de Monsieur Descartes.

Que diriez-vous si ensuite je venois à descrire quatre ou cinq croustes qui se sont formées les unes sur les autres, &

54. Des croustes qui forment la terre.

qui envelopoient autrefois la terre comme les diverses peaux font un oignon. Si je disois que la plus basse crouste nous est inconnuë, mais que la deuxiéme n'est encore aujourd'huy qu'une masse d'or & d'argent, & de toute sorte de metaux confondus avec les plus precieuses pierreries (bon Dieu si les hommes pouvoient penetrer jusques-là, que de richesses.) Que la troisiéme est liquide comme de l'eau ; Que la quatrieme est un peu dure & qu'elle demeuroit autrefois suspenduë comme une voute, mais que par succession de temps venant à se seicher, elle s'étoit peu à peu entr'ouverte par plusieurs crevasses, & s'étoit enfin brisée en mille pieces. Que dans ce fracas épouvantable les debris tombant irregulierement les uns sur les autres, une partie s'étoit trouvée ensevelie dans l'eau & avoit ainsi laissé paroistre la mer, & que par le bon-heur du monde le plus grand, une partie de ces ruines accumulées se trouvoit encore élevée au dessus des eaux & servoit à l'habitation des hommes.

Mais que seroit-ce si je parlois de la maniere dont se font les couleurs, & que je disse que le rouge se fait par le tournoyement de certaines petites boules qui se meuvent plus viste en rond qu'en ligne droite; Que le bleu se fait au contraire quand ces mesmes boules se meuvent plus viste en droite ligne que sur leur centre : Que

55. Du tournoyement de certaines boules qui qui font les couleurs.

le blanc se fait lors qu'elles se meuvent également en l'un & en l'autre sens. Si j'adjoutois que les couleurs qui paroissent dans les estoffes, ne viennent que de semblables mouvemens des boules qui estant lancées contre ces estoffes, s'embarassent entre les petits corps que les teintures y ont laissez, & sont ainsi contraintes de piroüetter diversement comme feroit une bale qu'on jetteroit dans un pré, & qui s'embarrassant dans les brins des herbes seroit contrainte de tournoyer en diverses façons. Si enfin je disois que toutes ces virevoltes & tous ces soubresauts des petites boules qui forment toutes les couleurs se font sans aucun mouvement réel du côté de ces boules, qui demeurant tout à fait immobiles font neantmoins sentir à nos yeux les differents efforts qu'elles font, quoy qu'inutilement, de se mouvoir & de piroüetter en divers sens.

Que seroit-ce si apres cela je disois que c'est une erreur du vulgaire, de penser qu'il y ait de la lumiere qui soit repanduë dans le monde, ou que le son soit formé dans la bouche de celuy qui parle, & qu'il se porte en l'air pour venir frapper l'oreille de celuy qui entend : que ce n'est que par un faux prejugé de nostre enfance que nous nous imaginons que dans le feu il y ait de la chaleur, ou de la dureté dans un diamant. Qu'en effet il n'y a rien de tout cela dans les objets, & que la lumiere,

56. *Des qualitez sensibles qui ne sont que des pensées.*

le son, la chaleur, & tout ce que le vulgaire des Philosophes appelle des Qualitez sensibles, ne sont nullement dans les corps, mais seulement dans nos ames : de sorte que la dureté que nous nous imaginions qui estoit dans le marbre ou dans le diamant, n'est nullement un attribut de ces corps, mais seulement un mode de nostre ame, c'est à dire une veritable pensée.

57. Des parties canelées en divers sens.

Que seroit-ce enfin si je parlois des anguilles dont sont composées les liqueurs ; ou bien des parties canelées comme des vis en deux sens differents, qui sortent de l'aimant, & qui y rentrent par une circulation perpetuelle, qui vont en chemin faisant s'insinuer dans le fer & nullement dans les autres corps : qui percēt ce metal & l'écroüent : qui abattent les petites barbes qui sont dans les canaux du fer, & qui les couchent tantost d'un costé & tantost d'un autre, suivant qu'il faut quelquefois repousser les autres vis qui viendroient pour entrer, ou bien les admettre & les laisser passer. En verité Monsieur si je disois ainsi ces choses, & une infinité d'autres de cette nature, quelle idée pensez-vous que prendroient ces Messieurs de la Doctrine de Monsieur Descartes. Cependant je ne dirois que ce qu'il enseigne luy-mesme.

Faut-il donc s'étonner si des personnes qui ne sçavent d'Aristote & de sa doctrine

58. *La manière dont en usent les Cartesiens à*

l'égard des Philosophes ordinaires.

que ce qu'ils ont eutendu dire à vos Docteurs, n'ayent pas toute l'eſtime imaginable de ce grand homme : puis que ces Meſſieurs prennent tant de plaiſir à ne parler jamais qu'en riant de la Philoſophie vulgaire : qu'ils en prennent les lambeaux qu'ils jugent eſtre les plus propres pour donner à leurs auditeurs l'idée qu'ils pretendent de cette Doctrine : qu'ils y ajuſtent ce qu'ils veulent pour la rendre encore plus agreable & plus divertiſſante, & que meſme ils font faire à nos Philoſophes des raiſonnemens admirables, à quoy ils n'ont jamais ſongé.

54. Exemple qui fait voir que

Pour monſtrer donc que Monſieur Deſcartes s'arreſte

au dehors, sans penetrer com-me fait Aristote, jusqu'au fond de la nature ; je n'ay qu'à faire reflexion sur ce que disent ces deux Philosophes. Vous croyez par exemple, nous apprendre de grandes choses, quand vous dites que les plantes ont des fibres rangées en certaines manieres : que le suc de la terre s'insinuë par les petits pores des racines : que de là il monte insensiblement vers les branches : que passant au travers de tant de differentes ouvertures, les parties qui ne sont pas conformes à ces passages se trouvant embarassées, s'arrestent, s'accumulent, & font ainsi croistre les plantes : qu'en suitte le suc continuant de monter, & d'apporter toûjours nouvelle matiere, forme

Monsieur Descar. ne va pas si avant qu'Aristote.

les feüilles, les fleurs, les fruits, & tout le reste, suivant la disposition des pores qui leur donnent ces differentes figures, à peu prés comme la disposition des petites ouvertures qui se trouvent dans le tuyau d'une Fontaine, fait prendre à l'eau qui en jaillit, des figures tres-differentes. En disant cela, Monsieur, vous croyez aller fort avant: mais pardonnez moy si je vous dis que ce n'est là que l'écorce. Vous ne dites en cela que ce qu'Aristote, & tous les Philosophes ordinaires disent d'abord. Il n'y a personne qui ne sçache que les plantes ont des fibres & des pores, par lesquels le suc s'insinuë & forme en suite toutes les parties de la plante. C'est la premiere cho-

A VN CARTESIEN. 143

se que l'on dit, quand on parle de la vie vegetative, sçavoir que les plantes croissent *per intus susceptionem*, en recevant au dedans d'elles mesmes quelques parties de la matiere, qui s'insinuant imperceptiblement doivent estre merveilleusement subtiles.

Si vous dites que dans l'Ecole on ne dit ces choses qu'en general, & d'une façon vague, sans qu'on vienne à expliquer en particulier ; nous vous disons aussi que vous en usez de mesme. Tout ce que vous dites ne nous donne aucune connoissance du particulier, & de ce qui est en effet dans une plante : Vous vous contentez de dire que les pores sont rangez *en certaine maniere*, qu'ils sont d'une *certaine figure* :

60. *Monsieur Descartes n'explique point le détail & se sert de termes vagues & indeterminez.*

que les parties qui sont *con-formes* à ces *certaines ouvertures*, passent, & que les autres sont arrestées. Vous nous payez ainsi par *un certain*. Mais si je vous demande quelle est cette certaine figure, & quelle cette certaine maniere & quel ce certain suc, & ces certaines parties, vous n'avez rien à me répondre sinon que vous n'en sçavez pas davantage. Qu'est-ce donc que vous dites en cela par dessus le *per intus susceptionem* des Philosophes ordinaires ? où sont ces belles lumieres qui nous devoient faire voir clairement la maniere de proceder de la nature la plus cachée.

61.
Qu'il faut reconnoistre des For-

Vous voyez bien, Monsieur, que jusques-là nous sommes égaux & que vostre Philosophie

phie & la nostre sont sembla- *mes que*
bles: la difference qu'il y a en *Monsr.*
suitte, c'est que vous vous ar- *Descar-*
restez là sans passer plus a- *ne con-*
vant, & sans vouloir mesme *noist pas.*
reconnoistre qu'il y ait rien
autre chose dans la nature:
au lieu que nous, nous croi-
rions nous arrester à la premiere surface, si nous ne ta-
chions de penetrer plus avant
pour découvrir, qu'outre tout
ce qui paroist ainsi au dehors,
il y a encore au dedans quelque chose qui est le principe
de toutes ces dispositions &
de tous ces effets, ce que nous
appellons *la Forme*: & tandis
que vous n'en viendrez pas
là; nous aurons toûjours a-
vantage sur vous, & droit de
vous faire le mesme reproche,
que faisoit Aristote aux an-

G

ciens Philosophes qui s'arreſtoient comme vous à ces premieres apparences & expliquoient toutes choſes comme vous. *Voila la cauſe de voſtre erreur*, leur diſoit-il, *que vous ne connoiſſez point la Forme.*

62.
C'eſt s'arreſter à la ſurface des choſes que de ne pas reconnoiſtre les formes.

Que diriez-vous de ce Philoſophe qui voulant expliquer la nature de l'homme, ſe contenteroit de faire la deſcription de ſon viſage, ou le denombrement des membres de ſon corps : & qu'en meſme temps il fit profeſſion de dire qu'il ne reconnoiſt autre choſe dans l'homme. N'eſt-il pas viſible que ce ne ſeroit pas là un Philoſophe ? qu'il ne toucheroit que le dehors de l'homme, & ce qu'il y a de plus ſuperficiel : puis qu'outre toutes ces parties qui compoſent le corps, nous ſommes convaincus qu'il y a au dedans un principe de toutes les operations, que nous appellons l'Ame. Je vous en dis de meſme à l'égard de tous les autres corps : & ſi la preoccupation que vos Meſſieurs ont contre nôtre Philoſophie, ne les rendoit incapables d'écouter nos raiſons; je m'aſſure qu'ils conviendroient avec nous, & qu'ils verroient qu'il n'y a rien de plus plauſible & de plus évident que l'exiſtence des formes: Ils verroient que comme nous ſommes convaincus que dans l'homme outre le corps, il y a encore une ame qui eſt noſtre forme & le principe de toutes les operations humaines; auſſi il n'eſt pas moins évident que dans les animaux, dans les plantes, & dans tous les corps, outre tout ce qui paroift de matiere au dehors, il y a encore au dedans des formes qui conftituent chaque chofe dans fon eftat naturel, & qui font le principe de toutes fes operations.

36. La Doctrine d'Ariftote touchant les Formes eft tres-raifonnable.

A la verité je ne voudrois pas me rendre garant de tout ce que peuvent avoir dit fur ce fujet tous les Philofophes qui font profeffion de fuivre Ariftote, mais je dis qu'il n'y a rien de plus raifonnable que ce que dit Ariftote luy-mefme, ou fi vous voulez ce que difent fes Commentateurs les plus intelligents, comme par exemple Saint Thomas. Ainfi vos Meffieurs peuvent bien ofter de leur efprit cette penfée qu'ils ont que la Philosophie d'Aristote ne va pas si avant dans la nature que la leur ; puis qu'Aristote dit tout ce qu'ils disent, & qu'outre cela il penetre au delà de tout ce qu'ils sçavent.

C'est en ce point particulierement que consiste le caractere de la Philosophie d'Aristote. Il pourra convenir si vous voulez dans tout le reste avec vous : mais il ne s'accordera jamais dans l'existence des formes substantielles. Et c'est sans doute ce qui a trompé quelquefois vos Messieurs, & qui les a fait penser qu'on suivoit leur doctrine, quand on parloit de pores, de petites parties insensibles, ou d'une matiere subtile.

Non asseurément on n'est

64. *C'est le caractere qui distingue les Peripateticiens des autres Sectes.*

65. *Qu'acs*

pas Cartesien, pour dire que le verre a des pores rangez en droite ligne, Aristote le dit aussi bien que vous. *a* On ne l'est pas non plus pour dire que l'air est pesant. Aristote l'a dit devant vous & l'a prouvé par l'experience d'un ballon. *b* On ne l'est pas pour dire que la flamme est *c Vn boüillonnement des esprits secs*, c'est à dire un composé d'une infinité de petits corps fort subtils & fort durs qui sont dans un mouvement tres-rapide & qui se succedent *d* perpetuellement les uns aux autres : Aristote le reconnoit aussi bien que vous. Dites si vous voulez que ces petits corps dont le feu est composé, sont de figure pyramidale : qu'ils échauffent & qu'ils bruslent

points en quoy Aristote convient avec M. Descar.

a Probl. s. 11. q. 49. & 61. & s. 23. q. 15. & s. 25. q. 9. & c.

b. Li. 4 de cæt. c. 4.

c Li. 1. met. c. 4. & l. 4 c. 9.

d i. 2. c. 2.

par le tranchant de leurs angles : qu'ils s'infinuënt mesme quelquefois dans les corps les plus durs pour les diffoudre, ou pour les fondre. *e* Vous ne direz en cela que ce qu'Ariftote a dit devant vous. On n'eft pas non plus Cartefien pour dire que le toucher eft un fens univerfel qui fe trouve en tous les fens particuliers : non pas à la verité de la maniere que veut Monfieur Defcartes qui cite fort mal à propos l'endroit du livre troifiéme de l'ame chap. treiziéme où il fait dire à Ariftote ce que ce Philofophe a conftamment rejetté *f* comme *tres-abfurde* dans Democrite, & dans les autres qui difoient comme vous faites que toutes les fenfations n'eftoient que

e 4. meteor. text. 34.

f De fenfu & fenf. c. 4. poft med.

des attouchemens ou se faisoient par le toucher. En cét endroit que Monsieur Dscartes cite, Aristote dit seulement que tous les organes des sens ont la faculté du toucher. Car en effet nous sentons fort bien quand on nous touche aux yeux ou aux oreilles. La Doctrine donc d'Aristote sur ce point est un peu plus delicate, & il n'est pas necessaire de l'expliquer icy. On n'est pas non plus Cartesien pour dire que rien ne se fait dans la nature sans mouvement local, puisqu'Aristote a fait un Chapitre *g* entier pour le prouver, & que c'est pour cela qu'il appelle le mouvement local le *Premier* de tous les mouvemens, parce que le mouvement local peut se faire

g cap. 7.
l. 8. Phy.

quelques fois sans qu'il inter- *Ibid.*
vienne aucune autre des six
especes de mouvement: au lieu
que pa s une de ces especes ne
peut se faire sans le mouvement
local. Dites que les odeurs
sont portées par une fumée
tres-subtile qui s'exhale des
corps, & qui se répand dans
l'air *h*; que les differences du *h* Probl.
son grave & de l'aigu vien- sect. 13.
nent de la lenteur ou de la vi- cap. 2.
tesse des battemens & des vi- de sensu
brations de l'air *i* : que les sa- *i* 2. de
veurs se sentent par le moyen an. Prob
de certains corps qui se peuvēt si.n.
dissoudre à l'humidité de la
salive ; ajoustez que ces corps
sont des sels ; Aristote n'en dis-
conviendra pas , pourveu
qu'outre ces sels ou ces petits
corps friables qui font l'aigre
& l'amer, *k* vous en recon- *k* De
G v

noissiez encore d'autres qui font gras & onctueux, qui se dissolvent aussi par humidité & qui font le doux dans les saveurs.

En tout cecy & en une infinité de choses semblables vous ne ferez que repeter ce que nous enseigne Aristote. Mais souvenez-vous qu'outre tout cela Aristote reconnoit des Qualitez & des Formes que vous ne connoissez pas, & qu'il n'avouëra jamais que l'odeur ou la chaleur soient ces vapeurs ou ces pyramides. Il vous dira que l'odeur ne sçauroit nourrir : que la chaleur ne peut pas s'expliquer par l'effusion de ces petits corps ignées : Qu'on donne en effet la figure de pyramide à ces petits corps comme

Sensili c, 4.

66.
Et en quoy il differe.

A VN CARTESIEN. 155
vouloient quelques Philosophes, parce qu'on ne sçauroit
imaginer de figure qui ait à
proportion des angles plus
tranchans & à la fois plus solides : ou bien qu'on leur donne la figure ronde comme
vouloient quelques autres :
afin que cette figure qui est
toute angle, fasse par la mul-
titude ce que nul autre ne sçauroit faire par le tranchant des
mêmes ãgles. Cela n'est point
inconnu à Aristote puis qu'il
le rapporte ainsi luy-même;
m Mais il faut ajoûter avec luy
que la chaleur n'est point cela.

Il me seroit aisé de vous
faire voir que la pluspart des
choses que vous dites, & dont
vous vous faites honneur,
sont d'Aristote pour le fond,
quoy qu'on y trouve bien de

m L 3. de cæl. cap. 8. & alibi 67. *La matiere subtile de Monsieur Descartes, & l'æther d'Arist.*

G vj

la difference : dans le détail mesme en les expliquant: par exemple la matiere subtile de M. Descartes n'est pas une chose nouvelle : Aristote au dessus de l'air qui enveloppe la terre met une substance plus legere & plus subtile qui *n n'ayât point de nom* particulier peut estre appellée *Feu*. Au dessus de cette Sphere de Feu, il met encore, une autre substance plus deliée qui se nomme *Æther*, qui fait la matiere des cieux, & qui est une cinquiéme nature ou une essence differente des quatre Elements, d'où est venu le mot de Quinte-essence. Or le feu, l'air, l'eau & la terre ne sont pas des corps tellement separez en leurs places particulieres qu'ils ne se trouvent meslez les uns parmy les autres : Car

n Lib. 1. meteor. tex. 18. cap 4. & alibi.

ce feu qui n'eſt, autre choſe ſelon le ſentiment d'Ariſtote, que les parties les plus ſubti-*Ibidem.* les & les plus agitées, s'éva- pore ſans ceſſe de la terre, & monte en traverſant nôtre air: comme l'air ſe trouve auſſi mélé imperceptiblement dans l'eau, & l'eau dans la terre. De meſme auſſi Ariſtote dit que cette matiere ætherée n'eſt pas ſeulement dans ſa place au deſſus de l'air & du feu; mais qu'elle eſt encore im- perceptiblemēt mélée avec les autres corps: qu'elle s'inſinuë au travers des pores de l'air & de l'eau, & que c'eſt propremēt cette *ſubſtance ainſi diffuſe per- petuellement & ſans interruption par tout,* o *qui peut eſtre ap-* o *l. do pellée Diaphane,* & par con- an. cap. ſequent le ſujet immediat de 68.

158 Lett. d'vn Philosophe

la lumiere. Tout cela, Monsieur, est d'Aristote : mais il y a neantmoins grande difference entre l'Æther d'Aristote, & la matiere subtile de Monsieur Descartes : car celle-cy n'est qu'un ramas de petits grains de poussiere, qui sont tous des corps solides, & qui estant les uns contre les autres remplissent parfaitement la place sans laisser le moindre vuide : au lieu que l'Æther d'Aristote est parfaitement fluide, mesme dans ses plus petites parties.

68. Le mouvement seroit impossible dans la matiere subtile de M. Descar.

Or pour voir lequel de ces deux Philosophes a plus de raison, il faut seulement considerer que dans la matiere de Monsieur Descartes il ne seroit pas possible de faire aucun mouvement Car si une sale est toute pleine de gros quartiers de pierres si bien taillées qu'elles se joignent parfaitement sans laisser du vuide ; n'est-il pas manifeste qu'il ne sera pas possible d'y remuer quoy que ce soit. Que si maintenant au lieu de ces grosses pierres de taille, on imaginoit la place remplie de petits dez ; le mouvement n'y seroit pas moins impossible : La grandeur en cela ou la petitesse des corps, ne fait rien pour empescher ou pour faciliter le mouvement. De même si l'on fait un mélāge de grosses pierres auec de petites, qu'elles soient toutes quarrées ou qu'elles soient toutes de differentes figures : Si elles sont toutes solides, & qu'elles remplissent tout ; il sera toûjours également impossible d'y rien remuer. Ainsi M. Descartes a beau dire que les parties qui composent sa matiere subtile sont infiniment petites : puisqu'il dit qu'elles sont solides chacun à part, & qu'elles ne laissent aucun vuide ; il ne sera jamais possible de faire le moindre mouvement du monde. Voila en passant un des chefs de Physique qu'on peut objecter à Monsieur Descartes, à quoy je ne croy pas qu'il y ait de réponce. Mais l'Æther d'Aristote ne souffre aucune difficulté. Il n'y a rien de plus aisé à comprendre qu'une substance pleine & parfaitement fluide dans toutes ses parties, & il n'y a rien aussi de plus facile à expliquer que le mouvement qui se peut faire dans cette mesme substance.

Si nous parcourons les problemes d'Aristote, nous y trouverons un nombre infini de questions particulieres expliquées dans le destail d'une maniere que les Cartesiens ne desapprouveroient peut-estre pas, si on la leur proposoit sans leur en dire l'autheur. C'est là qu'il traitte tout ce qu'on sçauroit desirer touchant les sons & l'harmonie : les couleurs & la lumiere : les odeurs & les autres qualitez sensibles, aussi bien que les organes qui sont destinez à sentir. Il y parle de la vertu medicinale des simples : de la nature & de la diversité des fruits : des fontaines & de la mer, des eaux douces & des sa-

69. Aristote dans les prob. resout plus de questions que tous les Cart. ensemble-

lées : des eaux chaudes & de
la glace. En un mot il y a peu
de queſtions qu'on puiſſe faire
ſur les effets ordinaires & extraordinaires
de la nature, qui
n'y ſoient traitées & reſoluës
dans le détail. Et ne me dites
pas que ce n'eſt pas là un ouvrage
d'Ariſtote, ou qu'il n'y
decide rien, ne faiſant que
rapporter avec un *an quia*, *ſeroit-ce point que*, le ſentiment
des autres Philoſophes. Il
eſt aiſé de voir que cet *an
quia*, n'eſt pas une expreſſion
qui marque du doute & de l'irreſolution
dans celuy qui répond.
C'eſtoit la façon de reſoudre
les problemes en ce
temps-là, & les honneſtes
gens en uſent encore de la ſorte.
On ne dit jamais les choſes
avec cette aſſurance ſi cho-

quante, qu'on remarque le plus souvent en ceux qui sont les moins éclairez. Mais quelque moderation que l'on fasse paroistre en debitant ainsi ses pensées & ses conjectures; on ne laisse pas de dire en effet ses sentimens & ce qui nous semble le plus probable. Aristote en a usé de la sorte en cette matiere: comme c'est son ordinaire d'être extremement reservé dans ces choses dont on ne peut avoir de connoissance certaine ; il se contente de dire ce qui luy semble de plus raisonnable. Et pour faire voir qu'en effet cet ouvrage est d'Aristote, & qu'il y a exprimé ses propres sentimens, & non pas seulement ceux d'autruy, c'est qu'il cite luy-mesme les Problemes dans des ouvrages qui font incontestablement de luy.

70. Dans les Meteores.

N'eſt-il pas vray encore que dans ſes Meteores il a traitté plus de queſtions particulieres, que tous les Carteſiens enſemble? peut-on rien obſerver dans les choſes qui ſe paſſent icy-bas dans la terre ou au tour de la terre dõt ce grand homme n'ait rendu raiſon, & qu'il ne l'ait fait d'une maniere qui feroit croire à vos Meſſieurs que c'eſt un Carteſien qui parle, dans la perſuaſion où ils ſont qu'il n'y a qu'eux qui entreprennent de parler des eſprits & des vapeurs ſouterraines: de la liaiſon particuliere qui aſſemble les parties de divers metaux, des pierres, des bitumes, des choſes gluantes: de la disposition particuliere qui rend les corps friables ou malleables, inflexibles ou elastiques : avec toutes les autres differences & les proprietez de tous les corps Elementaires, leurs actions reciproques & leurs effets.

Que diray-je de ces ouvrages admirables de l'histoire des animaux, de la generation des animaux, des parties des animaux, de leur mouvement progressif, de leur jeunesse & de leur vieillesse : de la vie & de la mort? Il n'y a assurément rien de plus beau, de plus judicieux, ny de plus digne d'un honneste homme, que les reflexions qu'il fait sur toutes ces choses. Les mechaniques sur lesquelles vous faites un si grand fond, n'ont-

71.
Et dans plusieurs autres ouvrages.

elles pas été traitées par Arist. qui en a fait un livre exprés devant mesme qu'Archimede fust au monde? & ne s'est-il pas servy aussi bien que vous de ces regles de Mechaniques pour expliquer une infinité de mouvemens qui se font dans la nature. Je ne veux pas icy parler de ces incomparables Livres qu'il a faits de la Rhetorique, de la Poëtique, de la Politique & de toute la Morale. C'est le sentiment d'un bel esprit, que *si dans sa Physique il a parlé en homme, dans sa Morale il a parlé en Dieu* & d'un autre *qu'il y a sujet de douter si dans les Morales il tient plus du Iurisconsulte que du Prestre: plus du Prestre que du Prophete: plus du Prophete que de Dieu.* Et apres cela, Monsieur, n'aurois-

Vide Cornel. à lap. Præfat. in Eccl.

je pas raison de vous demander pourquoy vous voulez m'obliger de changer de créance, & de quitter le party d'Aristote pour prendre celuy de Monsieur Descartes. Mais encore quel avantage trouvez-vous en cette nouvelle Philosophie? qu'est-ce que vous no⁹ y aprenez de nouveau, que nous ne trouvions dans la Philosophie d'Aristote, ou qui du moins ne s'accorde avec ce qu'il enseigne? ne pourrois-je pas vous dire avec raison ce que disoit un des amis de Job. *Quid nosti quod ignoremus ? quid intelligis quod nesciamus? & senes & antiqui sunt in nobis multò vetustiores quam patres tui.* Vous ne nous dites rien que nous ne sçachions : nous avons dans nostre Philosophie des anciens qui font plufieurs fiecles devant vos peres. Pourquoy donc voudriez-vous me faire changer?

72. Plaifantes découvertes des Cartefiens.

Mais fi je vous preffois un peu fur ce point, de me dire quelles font donc ces grandes découvertes qu'a fait Monf. Defcartes dans la Philofophie, que me diriez-vous? Eft ce peut-eftre qu'il a découvert que nous exiftions, & que devant qu'il nous eut appris à faire ce fort raifonnement, *Ie penfe, donc je fuis*, nous ne fçavions pas que nous eftions au monde? Eft-ce qu'il nous a appris qu'il y auroit des corps dans la nature, & que nous n'en fçavions rien avant qu'il eut fait ces longs difcours, dans lefquels il s'applique fi ferieufement à prouver
de

de toutes ses forces qu'il y a des corps dans le monde, & que nous en avons un? Non ce n'est pas cela: Il a bien fait de fort grands efforts d'esprit pour le démonstrer: il nous a donné de tres-grandes ouvertures pour penetrer cette matiere: Mais enfin il ne nous a pas convaincus: & la subtilité de ses disciples estoit necessaire pour nous découvrir ce qui se pourroit sçavoir avec certitude sur ce sujet. On nous a donc appris qu'à l'égard de l'ame il n'y a rien de plus aisé que de nous convaincre par une demonstration incontestable, que nous en avons une qui est spirituelle & entierement distincte de la matiere: mais qu'à l'égard du corps, nous ne pouvons rien dire a-

H

vec certitude. A la verité il nous semble bien que nous en avons un : mais c'eſt une imagination ſujette à l'erreur ; puis que nous nous imaginons quelquefois en dormant que nous avons des aiſles, ou d'autres membres que nous n'avons pas effectivement. Nous faiſons bien quelques conjectures pour dire que ce n'eſt pas un ſonge, & que c'eſt tout de bon que nous avons un corps : mais apres tout ce ne ſont que des conjectures, & non pas des convictions. Apres cela on nous apprend que l'unique moyen de ſçavoir avec une pleine aſſurance que nous avons un corps, c'eſt la Foy : & que ſi la Religion ne nous apprenoit que Jeſus-Chriſt a pris un corps & une ame comme nous ; nous n'aurions jamais pu dire avec certitude que nous avions un corps. De mesme le vulgaire s'imagine de sçavoir qu'il y a des hommes au monde. Les bonnes gens qui ne s'apperçoivent pas que tous ces corps qui sont faits comme les nostres & qui se remuënt comme nous, peuvent estre de simples machines que quelque puissant Genie nous presente comme les Grandes Marionettes. Il a fallu que les Cartesiens nous fissent part de leur lumiere, & que par leurs Discours ils nous persuadassent, si non avec une entiere conviction, du moins par des conjectures tres-fortes, que ces machines qui se servent de la parole pour s'en-

H ij

tretenir avec nous ; font des hommes comme nous. Voila des découvertes admirables, il faut l'avoüer : mais auſſi à cela prés, vous aurez de la peine à trouver que Monſieur Deſcartes nous ait appris grand choſe.

75 Si Monſ. Deſc. a rien decouvert en Phyſique.

Je me trouvay dernierement dans une compagnie, où une perſonne d'eſprit soutenoit que Monſieur Deſcartes n'avoit rien trouvé de nouveau dans la Phyſique : Et comme cela parut d'abord aſſez eſtrange, veu qu'on ſe perſuade toujours que ce Philoſophe a découvert un grand pays ; cette perſonne fit voir à toute l'aſſemblée, par un denombrement exact des queſtions que l'on croit le mieux entendre en ce temps, que nous n'en avions pas l'obligation à Monsieur Descartes. On a trouvé par exemple, de tres-belles choses dans l'Optique pour expliquer comment se fait la vision : & l'on peut dire que de tous les ouvrages de Monsieur Descartes celuy de la Dioptrique est peut-estre le plus achevé.

Cependant la personne dont je parle fit voir que si l'on en ostoit ce qui est de Kepler, de Antoine de Dominis, de Scheiner, de Snellius ; il ne resteroit pour Monsieur Descartes, qu'une ou deux demonstrations de Geometrie, qui ont esté inutiles jusqu'icy dans la pratique. Il est vray que Monsieur Descartes a fort travaillé à se faire des hypothèses pour rendre raison des productions de la nature & des observations que les anciens ont faites, ou que les curieux de ce temps font encore tous les jours : mais en cela il ne fait rien qui n'ait toûjours été pratiqué par tous ceux qui se sont mélez de Physique. Et s'il ne s'agit que de faire des hypotheses ; on n'a qu'à consulter Laërce, Plutarque & Eusebe, & on en trouvera à choisir tant qu'on voudra d'aussi raisonnables que celle de Monsieur Descartes, & je maintiens que les Spheres d'Anaximander n'ont rien de rebutant au prix des croustes de ce nouveau Philosophe, & que la description que fait Diodore le Sicilien de l'origine du monde & des hommes est sans comparaison plus plausible que les tourbillons & les autres hypotheses de Monsieur Descartes. A la verité je ne voudrois pas dire comme cette personne, que Monsieur Descartes n'eust absolument rien trouvé de nouveau dans la Physique; mais je suis fort persuadé que tout ce qu'il peut avoir découvert se reduit à bien peu de chose, & que cela mesme n'est point si particulier à sa methode qu'on ne le puisse expliquer avec la mesme facilité dans la Philosophie d'Aristote. Pourquoy donc voudriez vous me faire changer de sentimens.

Vous me direz sans doute, Monsieur, qu'apres tout, la Philosophie d'Aristote n'est

76.
Plainte des Cartesiens contre la

Philoso-phie de l'Efcole. pas telle que je viens de la décrire : que dans les écoles où l'on fait profession de la suivre, on n'y traitte jamais ces choses : que toutes les questions particulieres y sont entierement inconnuës : qu'on n'y entend jamais parler que de l'Universel à *parte rei*, des secondes intentions, des estres de raison, du genre abstract, & d'une infinité d'autres bagatelles, qu'on appelle subtilitez, & qui ne servent à rien qu'à abattre un esprit, à l'accoustumer à chicanner inutilement sur toutes choses, à se payer de mots, à n'approfondir jamais les matieres. Que tout ce qu'on apprend dans un College doit estre oublié quand on en est sorty, puis qu'on n'oseroit en parler dans une honneste compagnie. Qu'on fait si bien par tant de nouvelles questions de Logique, & de Metaphysique, qu'on ne donne plus ny de veritable Logique ny de veritable Metaphysique. Car pour les choses naturelles, elles y sont entierement ignorées, & on n'a qu'une réponce pour toutes ces sortes de questions. On dit que les corps terrestres tombent en bas, parce qu'ils ont une Qualité qui s'appelle Pesanteur, & on n'en dit pas davantage. On dit que le feu échauffe parce qu'il a la Vertu d'échauffer. Que l'aiman attire le fer, parce qu'il a une Qualité attractive : à peu prés comme si apres avoir demandé comment une clef peut ouvrir une serrure, ou comment

H v

une monstre peut marquer les heures & les sonner si ponctuellement ; on pretendoit me satisfaire en me disant que la clef a une vertu aperitive, & la montre une vertu indicative ou une vertu sonorifique. Vous voulez donc que nous repondions à proportion de mesme : au lieu que vous ne vous contentez pas de ces mots, & que vous expliquez en particulier, comme quoy cette clef par la disposition de sa figure, & de ses dents, s'insinuë dans la serrure, leve les ressorts qui la fermoient, & en un mot, ouvre la porte par son mouvement.

77. Que le mauvais usage de quelques particuliers ne

Je ne sçay pas, Monsieur, de quelles Écoles vous parlez: car pour moy je puis dire, que dans celles où j'ay fait mes estudes de Philosophie, on m'y a enseigné de tres-belles choses, & je suis témoin que depuis ce temps dans des endroits où j'ay esté on enseigne tout ce que l'on peut apprendre de ces questions les plus importantes & les plus curieuses de la Physique mesme particuliere. Que si apres tout, il se trouve quelques Professeurs qui en usent autrement; on ne doit pas s'en prendre à Aristote, qui asseurément ne leur a pas donné l'exemple d'en user de la sorte. Il n'est pas juste de condamner la doctrine en general pour le mauvais usage qu'en font quelques particuliers. Nous sommes les premiers à blasmer ce mauvais usage, & nous crions aussi bien que vous contre

doit point faire tort à la doctrine d'Aristote.

ceux qui donnent une Philosophie qui ne peut servir de rien apres qu'on est sorty du College. Mais nous disons que c'est la faute de quelques-uns, qui ne doit pas estre imputée à Aristote, ny à sa doctrine. Voyez six ou sept grandes Theses qui ont esté soutenuës en divers temps à Lyon, à Grenoble, & en quelques autres endroits : lisez celles qui se font si souvent dans Paris, & vous verrez que sans s'éloigner d'Aristote ny de ses sentimens, on enseigne dans les Ecoles tout ce qu'il y a de beau & de curieux dans la plus solide Philosophie. Voyez encore le cours des Docteurs de Conimbre, ou bien les Commentaites de Cabæus, sur les Meteores d'Aristote, les ouvrages de Licetus, de Craffot, de Fromond, de Kircher, de Grimaldi, de Derkennis, & de beaucoup d'autres : Confultez les Docteurs qui rempliffent aujourd'huy les chaires de Paris, & vous jugerez fans doute que la Philofophie de l'école n'eft pas fi méprifable que vos Meffieurs voudroient faire entendre.

Enfin, Monfieur, je fuis perfuadé qu'on pourroit bien fe paffer de beaucoup de queftions qu'on fait fur le genre abftrait, fur les precifions & fur les prioritez de raifon : & que quand on ne s'arrefteroit pas fi long-temps à foüiller ainfi dans le threfor des poffibilitez, la Philofophie n'en feroit pas moins riche. Mais auffi vous pourriez bien aller

78. S'il faut traiter fi en particulier les effets de la nature.

un peu trop loin dans la recherche que vous pretendez faire des caufes particulieres de la nature. Peut-eftre que plufieurs de nos Philofophes vous contefteront en cela l'avantage de la methode, & qu'ils ne jugeront pas que vos recherches foient plus dignes des honneftes gens que la maniere dont ils traittent les chofes les plus difficiles de la nature, & dont vous parlez avec tant de mépris. Car enfin, Monfieur, à vous entendre parler, on diroit que d'une école de Philofophie vous voudriez faire une boutique de Serrurier. J'ay bien à faire de fçavoir la maniere dont les dents d'une clef font entaillées pour gliffer au travers des refforts d'une ferrure, &

pour l'ouvrir ? un honneste homme se doit-il mettre en peine de toutes ces petites particularitez, & ne suffit-il pas qu'il sçache en general que la clef est faite avec une certaine disposition qui la rend propre à ouvrir ce qu'il vous a pleû d'appeller *vertu aperitive*. Quoy voudriez vous que les Dames se fissent écolieres des Horlogers pour apprendre le nombre & l'engrainement des dents de chaque roüe, & de chaque pignon de leurs montres ? faut-il donc qu'elles sçachent le biais dont sont inclinées les pallettes du balancier, ou la proportion qu'il faut donner à la diminution de la fusée ? n'est-ce pas assez qu'on sçache en general que tous ces mouvemens sont faits par la disposition & par l'engagement des rouës & des ressorts, ce que vous appellerez, si vous voulez, *vertu indicative ou sonorifique ?*

S'il ne suffit pas de les expliquer par des termes generaux.

Ne pourroit-on pas vous en dire de mesme à l'égard de la Physique. Il s'agit de l'aiman, & de ses proprietez, vous vous mocquez de nous quand nous disons que l'aiman est d'une telle nature, & qu'il a en luy une certaine disposition, & une certaine qualité qui fait qu'il attire le fer : qu'au reste, nous n'en sçavons pas davantage, & qu'il est peut-estre inutile d'en faire des recherches plus particulieres: Que cette disposition ne nous estant connuë que par les effets & n'ayant point d'autre nom, on l'a appellée *vertu attractive*. Vous au contraire vous pretendez expliquer en particulier tout le détail de ces petits ressorts qui donnent à l'aiman la vertu d'attirer le fer. Mais apres que vous aurez bien pris de la peine à comprendre & à devuider l'embarras infini de ces petits corps, vous aurez fait le mestier de Serrurier, & non pas celuy de Philosophe. Et si vous voulez entreprendre d'expliquer tout ce jeu des parties canelées en divers sens qui circulent perpetuellement autour de la terre & autour de l'aiman, vous ne pouvez pas manquer de vous exposer à la risée de la pluspart du monde, qui n'estant pas capable de comprendre toutes ces subtilitez, trouve tout cela ridicule & imaginaire.

Et en effet lorsque nous faisons ces recherches particulieres, nous devons avoüer deux choses; l'une qu'il faut bien se tourmenter l'esprit pour découvrir ce détail des petites parties. Et l'autre, qu'aprés qu'on s'est ainsi rompu la teste à vouloir comprendre toute la suite de ces causes, on trouve encore mille difficultez insurmontables. Ouy certainement Monsieur, *Toutes choses sont difficiles, & il n'y a personne qui puisse les expliquer.* Quelle peine n'y a-t-il pas à comprendre ce que Monsieur Descartes dit par ex. touchant les couleurs de l'Arc-en ciel. Combien peu de personnes trouverez-vous parmi ceux qui veulent passer pour Cartesiens, qui entendent le fin de ces refractions, de ces terminaisons de lumie-

80
Qu'on ne peut expliquer le détail des choses.

Cunctæ res difficiles: non potest eas homo explicare Serm. Ecclef. c. 1.

re, de ces efforts differens des petites boules du second element? Et ceux qui ont eu assez de patience & assez de force d'esprit pour surmonter toutes ces difficultez & pour entendre enfin la pensée de M. Descartes, ne trouvent-ils pas que cela mesme n'est nullement suffisant pour expliquer les couleurs : & qu'il n'est pas possible de comprendre comme quoy une boule du second element qui est dans une goute de pluye à demi lieuë loin de nous, peut faire ressentir à nos yeux un je ne sçay quel effort qu'elle fait pour se tourner sur son centre, quoy qu'en effet elle ne tourne point, & qu'il y ait entre elle & nous une infinité d'autres boules qui font des efforts tout contraires.

81.
Et quãd on le pourroit cela n'en vaut point la peine.

Mais je veux qu'en effet Monsieur Descartes ait rencontré la veritable cause de ces effets particuliers. En verité, cela vaut-il la peine qu'il faut se donner pour le comprendre? & quand je sçauray toutes les virevoltes que fait la matiere subtile sur les brins insensibles de l'écarlate, ne seray-je pas bien payé de l'assiduité avec laquelle il aura fallu m'appliquer à demesler un si épouventable embarras. Seroit-ce à vostre avis une belle occupation pour une Dame de qualité de faire une estude serieuse à comprendre tous les traits qui sont necessaires pour faire une bonne charpente: & parce qu'il y a des artisans qui suivant l'inclination qu'ils ont pour leur mestier, pensent que celuy de Charpentier est la plus belle chose du monde; croyez-vous que les seigneurs de la Cour seront de ce sentiment: & qu'ils voudront bien donner les meilleures heures de leur vie à estudier toutes les differentes mortaises, tous les tenons & toutes les chevilles qui font la liaison & l'assemblage d'une charpente. Les inclinations des hommes sont fort diverses. Un ouvrier estime infiniment son mestier, pour lequel un autre qui sera d'une vacation differente n'aura que du mépris. Vous & moy avons peut estre cette inclination de rechercher ainsi les causes particulieres dans la Physique, *Dieu* pour nos pechez Eccl.c.1. *nous ayant donné cette méchante occupation*, nous allons considerer les chevilles & les tenons qui font la liaison des corps. Et pour cela voudrions-nous condamner tous les hommes à un semblable tourment ? avoüons pluftoft que si noftre meftier vous plaift, nous ne devons pas pour cela obliger tous les Philofophes à le prendre. Peut-eftre au contraire que la plufpart croiront agir d'une maniere plus fortable aux honneftes gens, en nous abandonnant ces recherches si ennuyeufes & si inhabiles, tandis qu'en se contentant des connoiffances generales, ils emploient leur temps à des eftudes plus importantes & plus agreables.

Mais voyons encore en particulier les belles queftions

82.
Si les queftions des Car-

que vous traittez au lieu de toutes ces recherches de l'école que vous appellez pueriles: dans les exemples qu'ont rapporté ceux qui ont de l'estime pour vôtre Philosophie, je trouve qu'on y recherche la raison pourquoy un clou qu'on lime, s'échauffe, & que la lime ne s'échauffe pas : que la scie au contraire devient extremement chaude tandis que le bois demeure froid à son ordinaire : pourquoy de deux limes la méchante enfin devient chaude, & perd sa trempe à force de limer, & la bonne demeure toûjours froide : je trouve encore que vous expliquez pourquoy l'eau qui ne fait que dissoudre & amollir la chaux sert neantmoins à endurcir le plâtre : pourquoy

tesiens sont plus belles que celles de l'école

les étoffes noires s'usent & se déchirent pluſtoſt que les autres. Pourquoy les teinturiers mélent de l'alum avec le campet, le braſil, & l'indigo, pour faire le rouge & le violet, au lieu qu'ils mélent du vitriol avec la galle pour faire le noir. Tous vos livres ſont pleins de ſemblables queſtions, & vous eſtes heureux, ce vous ſemble, à rencontrer la veritable cauſe de tous ces rares effets de la nature. Mais en verité, Monſ. trouvez-vous bien que ces recherches ſoient plus dignes de l'occupation des gens d'honneur, que les queſtions de l'école, contre leſquelles vous declamez avec tant de chaleur? quoy? il faudra laiſſer aux pedants l'univocation de l'eſtre, & un honneſte homme me recherchera si le virebrequin s'échauffe plustost que le bois. Franchement, Monsieur, cela me paroist un peu burlesque.

Vous direz que ce ne sont là que de petites questions qu'on ne traitte qu'en passant, & qu'au reste elles servent à preparer les esprits à de plus grandes difficultez & à rendre raison de toutes les productiõs de la nature. Nos Philosophes en disent de mesme, que leurs questions de l'universel, des distinctions, des relations, & semblables servent à ouvrir l'esprit, qu'elles nous donnent entrée pour penetrer jusqu'au fond de la nature, qu'elles sont necessaires pour la Theologie, à quoy un Philosophe Chrétien doit avoir égard. Au reste

83. Les Cartesiens n'ont pas en cela de l'avantage.

I

194 Lett. d'vn Philosophe
je ne trouve point en effet que vous fassiez ce que vous dites, que vous ne traitiez qu'en passant ces questions dont je viens de faire un petit détail, ou que par leur moyen vous expliquiez de plus grandes difficultez, & rendiez raison de toutes les productions de la nature. J'ay bien vû dans une lettre de Monsieur Descartes un fort beau deffy qu'il fait au Provincial des Jesuites : il demande qu'on fasse l'essay de la Philosophie de l'Ecole & de la sienne; il donne à choisir telle question qu'on voudra, & il fait là-dessus des merveilles.

84. Les Cartesiens ne sçauroient expliquer comment
Mais pour moy je suis si peu disposé à croire ce qu'il dit, que j'ose bien faire un deffy tout contraire. Je prends

de toutes les productions de *se forme un potiron.* la nature celle qui, à mon avis, est la plus simple entre les choses vivantes, sçavoir, celle d'un potiron qui se forme en une nuict, & qui n'a pas cette grande varieté de branches & de feüilles qui se trouve dans les plantes ordinaires : & je mets en fait que tous vos Messieurs assemblez ne pourront jamais rien dire de raisonnable pour nous expliquer en particulier la maniere dont se fait cette production. Ne vous flattez pas, Monsieur, sur la beauté de vos principes. Ce vous seroit peut-estre trop d'embarras d'assembler tous les Cartesiens : vous en sçavez du moins autant qu'eux ; je vous prie, essayez vous-même d'appliquer vos principes

I ij

à cette question. Faites rouler vos petites boules tant qu'il vous plaira, arrangez à vostre fantaisie les petites parties d'une humeur gluante, donnez leur tel mouvement que vous voudrez, & en suite faites nous voir que cette figure exterieure du potiron doit s'en ensuivre : que le dessus de sa coupe doit estre couvert d'une peau douce & uniforme ; que le dessous doit estre refendu, & divisé en de petites feüilles qui partent du centre, & tout le reste. Je sçay à peu prés tout ce que vous me pourrez dire, & je suis asseuré qu'apres deux ou trois petites choses, que tout le monde sçait, ou que tout le monde vous contestera, vous en viendrez incontinent à vos *certaines figures*, à vos *certains pores conformes*, à voſtre *certain mouvement*, & à voſtre *certaine maniere*, qui ſont tous des mots auſſi vagues & auſſi indeterminez, que la qualité de nos Philoſophes, & qui apres tout ne ſignifient autre choſe. Et toute la difference qu'il y aura entre voſtre explication & la leur, c'eſt que ce qu'ils ont dit de bonne foy du premier coup, & ce qu'ils ont appellé une certaine qualité, ou une certaine vertu ; vous le dites apres deux ou trois periodes, & vous l'appellez certaines figures, & certaines manieres, qui ne nous apprennent rien de nouveau.

Il eſt vray que vos Meſſieurs font merveilles quand ils peuvent attraper une experience qu'ils ont faite cent

<small>85. Les Carteſiens ſont admirables à predire le paſſé.</small>

fois pour en eſtre bien aſſurez. C'eſt alors qu'ils ſont heureux à faire voir la beauté de leur doctrine en prevenant, diſent-ils, l'experience, & faiſant voir ce qui doit ſuivre de leurs principes. Cela s'appelle deviner tout ce que l'on voit & predire exactement le paſſé. Je n'entends jamais parler de cét avantage qu'ils ſe donnent de prevenir ainſi les effets de la nature, que je ne me ſouvienne de ce qui arriva autrefois à Cardan. Cét homme qui ſe picquoit d'Aſtrologie fit un livre où il expliquoit toutes les regles de ſon Art : & pour faire voir par l'uſage meſme la verité de toutes ſes regles, il en fit l'application ſur le paſſé, & il dreſſa cent horoſcopes de divers grands personnages de l'Europe qui étoient déja morts, & dont l'histoire étoit bien connuë. On ne peut rien voir de plus exact que ces horoscopes: toutes les maladies & toutes les circonstances des moindres evenemens se trouvent écrites dans la disposition du Ciel, on ne sçauroit plus douter de la certitude de ces regles: & en effet voila Cardan en possession du titre du plus grand Astrologue du monde. Luy-mesme s'accoustuma tellement à penser à cette conformité de ces regles avec les effets, qu'il s'imagina qu'en effet il étoit devenu Astrologue, car nous voyons qu'à force de penser souvent à une chose qu'on souhaite, on vient enfin à se la persuader. Ainsi apres avoir si bien reüssi en predisant le passé, il crut qu'il reüssiroit de mesme en predisant l'avenir. Il choisit donc pour un illustre sujet Edoüard VI. Roy d'Angleterre, jeune Prince, dans le gouvernement duquel toute la terre attendoit de grands evenemens. Il examine à la rigueur toutes choses, il prend son temps tout à son aise, & apres y avoir employé solidement cent heures, comme il le témoigne luy-mesme, il publie enfin une horoscope si attenduë. Apres cela on devoit attendre quelque chose de bien exact, & le Roy d'Angleterre pouvoit se tenir en repos & s'assurer du moins de cinquante-six ans de vie que luy promettoit un si fameux Astrologue. Mais par malheur le Roy mourut avant l'age de seize ans. Pour moy je m'imagine que ce fut là un trait de quelque jalousie secrette d'une de ces sylphides, dont Cardan avoit trop parlé dans ses écrits: car sans doute qu'elle fit mourir ce jeune Prince pour faire mentir Cardan, & se vanger par ce moyen de la maniere la plus cruelle qu'on puisse faire à l'égard d'un homme de cette reputation. Cardan neantmoins ne se troubla pas pour tout cela: il reprend sa plume & son calcul, & repassant sur toute la figure celeste, il trouve justement & à point qu'Edoüard sixiéme doit mourir à quinze ans, huit mois, & vingt-huit jours. Voyez comme il est maintenant exact à compter precisément jusqu'aux mois & aux jours. Je trouve que les Cartesiens sont du moins aussi fideles à predire ce qui doit arriver dans les experiences qu'ils ont déja faites : il n'y a pas une circonstance oubliée : tout s'accorde merveilleusement avec la nature. Voila qui va le mieux du monde. Je voudrois seulement qu'ils me fissent la grace de me dire ce qui arriveroit si l'on faisoit une certaine experience que je leur suggererois & que probablement ils n'ont jamais faite. Mais je ne veux pas pousser leur Judiciaire à bout, ny la mettre à une épreuve si perilleuse.

86. Monsieur Descartes se fait un langage nouveau & parle

J'ay encore une remarque à vous communiquer touchant la maniere de Philosopher de Monf. Descartes, c'est qu'il

me semble qu'en bien des ren-　*d'une fa-*
contres, ne disant que ce que　*çon cho-*
disent les autres Philosophes,　*quante.*
il ne veut pas parler comme
eux : & se fait par ce moyen
un langage extremement choquant. Par exemple y a-t-il
rien de plus rebutant que ce
qu'il dit des qualitez sensibles?
Il dit hardiment que la lumiere que nous voyons, ou le son
que nous entendons, ne sont
point répandus dans l'air ;
que les couleurs ne sont point
dans les objets ; qu'il n'y a
point de chaleur dans le feu :
il se mocque du vulgaire qui
est dans cette erreur, il blas-
me les Philosophes de se laisser aller comme le peuple aux
préjugez de l'enfance, & de
ne pas s'appercevoir que le
feu n'est pas plus capable de

I vj

chaleur que de douleur. Car en effet, dit-il, pourquoy nous imaginons nous que le feu a de la chaleur ? c'eſt ſans doute parce que nous en approchant nous ſentons en nous-meſme la chaleur. Mais ajoûte-t-il, c'eſt merveille que nous ne diſions que le feu a auſſi de la douleur, puis que nous reſſentons encore de la douleur, quand le feu eſt trop grand & que nous nous en approchons de trop prés : la chaleur, dit Monſieur Deſcartes, eſt donc un ſentimēt en nous, auſſi bien que la douleur, & tout ce que nous devons dire c'eſt que dans le feu il y a quelque choſe qui agiſſant ſur nôtre corps avec trop de violence, cauſe en nous-meſmes ce ſentiment que nous appellons Douleur : & qui agiſſant plus moderément cause aussi en nous-mesme, ce sentiment que nous appellons Chaleur. C'est donc une erreur bien grossiere des Philosophes de croire qu'il y ait de la chaleur dans le feu, comme c'en seroit une de penser qu'il y eust de la douleur. Voila le raisonement de Monsieur Descartes: mais voyons s'il est juste.

Il est vray peut-estre que par le mot de chaleur, nous pouvons quelquefois entendre un sentiment, que nous avons, comme par le mot de douleur nous entendons toûjours un sentiment. Nous disons également le sentiment de chaleur, & le sentiment de douleur ; & ces deux sentimens sont de certaines affections que nous ne sçaurions

87. Qu'il y a de la chaleur dans le feu quoy qu'en dise M. Desc.

mieux expliquer qu'en nous renvoyant à noſtre propre experience, pour nous conſulter nous-meſmes, & voir ce que nous experimentons, & l'idée que nous avons quand nous ſentons en effet de la douleur ou de la chaleur. Mais auſſi ce meſme mot de chaleur ne ſignifie pas ſeulement ce ſentiment que nous avons en nous-meſmes, mais il eſt particulierement inſtitué pour ſignifier la cauſe ou l'occaſion de ce ſentiment. Or il eſt évident que dans le feu il y a quelque cauſe qui produit en nous ce ſentiment de la Chaleur. Que cette cauſe ſoit des pyramides, ou d'autres petites parties, ou bien quelque qualité particuliere ajouſtée à ces petits corps, on pourroit diſputer là-dessus contre vous. Mais il est indubitable qu'il y a dans le feu quelque chose quoy que ce puisse estre, qui cause en nous ce sentiment de Chaleur. Donc il faut dire aussi que dans le feu il y a de la chaleur, puisque suivant l'institution des mots que nous n'avons nul droit de changer, & suivant l'usage de tous les hommes, cette cause qui est hors de nous, & qui produit en nous le sentiment de chaleur s'appelle aussi chaleur. Et c'est la difference qu'il y a entre ces deux mots de chaleur & de douleur, que ce dernier n'est institué que pour signifier le sentiment, & nullement la cause exterieure du sentiment : au lieu que le mot de chaleur est institué particulierement pour signifier cette cause exterieure qui produit en nous le sentiment.

88. M. Desc. reprend mal à propos les Philosophes sur ce point.

Qu'est ce donc maintenant que M. Desc. trouve à redire dans le sentiment des Philosophes vulgaires, qui disent que dans le feu il y a de la chaleur ? pourquoy les condamne-t-on de *bevuë*, de *méprise*, d'*erreur* grossiere, de *foiblesse à se laisser aller aux prejugez de l'enfance* ? Est-ce que ces Philosophes en disant que le feu a de la chaleur, entendent ce mot de chaleur au premier sens que nous luy avons donné ? Mais quoy Monsieur Descartes se pourroit-il bien mettre dans l'esprit qu'il y ait jamais eu de Philosophe assez stupide pour s'imaginer que le feu ait du sentiment, & de la chaleur prise en ce sens où nous la prenons pour un sentiment comme la douleur ? Il faut donc que Monsieur Descartes blâme nos Philosophes parce qu'ils disent que le feu a de la chaleur en ce sens qu'il a en luy ce qui cause en nous le sentiment de chaleur. Mais vous voyez que c'est les blâmer de parler comme le monde parle, & de s'accommoder à l'usage commun & à l'institution des mots. Ainsi pour répondre à l'instance que faisoit M. Desc. en nous demandant pourquoy nous ne donnions pas de la douleur au feu puisque nous luy donnions de la chaleur ; nous n'avons qu'à luy dire que le mot de douleur n'estant en usage que pour signifier le sentiment, & nullement la cause exterieure du sentiment, nous difons que la douleur eſt en nous & non pas dans le feu : & qu'au contraire le mot de chaleur eſtant inſtitué particulierement pour ſignifier la cauſe exterieure du ſentiment, nous diſons que le feu a de la chaleur, puis qu'en effet il a en luy ce qui cauſe en nous le ſentiment.

88. Que ſelon M. Deſcartes la dureté n'eſt pas dans le marbre mais dans nôtre ame.

Et pour vous faire voir combien cette maniere de raiſonner de Monſieur Deſcartes eſt peu juſte, je veux vous apporter encore l'exemple de certains mots, qui ne font inſtituez que pour ſignifier la cauſe du ſentiment, & non pas le ſentiment meſme, d'où la Philoſophie de Monſieur Deſcartes paroiſt tout à fait ridicule. Qu'y a-il en effet de plus choquant que de dire que la dureté que nous experimentons quand nous touchons du marbre, n'eſt nullement dans le marbre (comme il faut dire dans la Philoſophie de Monſieur Deſcartes:) mais qu'elle eſt dans noſtre ame : & de meſme que l'humidité eſt une penſée de noſtre eſprit, & non pas une qualité de l'eau ? Il n'y a rien de plus rebutant, parce qu'en effet ce mot de dureté n'eſt inſtitué que pour ſignifier la diſpoſition des parties du corps qui ſe tiennent les unes aux autres ſans ſe ſeparer ny ceder : & ce mot d'humidité n'eſt inſtitué auſſi que pour ſignifier la facilité qu'ont les parties d'une liqueur à ceder & à ſe répandre. Ariſtote l'entendoit bien mieux , lors que parlant des qualitez sensibles, il les a distinguées en πάθος & παθητικὴ ποιότης, que les Interpretes ont traduit *Passio* & *Patibilis qualitas*. Le πάθος d'Aristote signifie le sentiment que nous avons, & le παθητικὴ ποιότης signifie la qualité mesme de l'objet qui cause en nous le sentiment. Je pourrois vous apporter plusieurs autres exemples où il me semble que Monsieur Descartes ne procede pas fort raisonnablement.

30. *L'Auteur estime infiniment les Cartesiens.*

Voila, Monsieur, les difficultez que j'ay bien voulu vous proposer, dans l'assurance que j'ay que vous ne le trouveriez pas mauvais. Car d'ailleurs vous sçavez l'estime que j'ay pour vous en particulier, & pour tous vos Messieurs qui se plaisent à la doctrine de Monsieur Descartes : Je ne voudrois pas pour quoy que ce fust leur déplaire, & si je croyois que ce que je viens d'écrire les peust choquer le moins du monde, je ne permettrois jamais qu'on le publiast. Mais vous sçavez qu'en fait de Philosophie chacun peut dire librement ses pensées, pourveu qu'on le fasse avec bien-seance : Et aussi on auroit bien mauvaise grace de se choquer & de trouver mauvais qu'on ne fust pas de mesme sentiment que nous. C'est dans cette veuë que j'ay proposé icy mes pensées, en disposition d'entendre vos raisons, quand il vous plaira de me répondre.

Comme je suis un peu prevenu, & que je n'espere pas

91. Traitté d'accommodement.

que vous puissiez satisfaire à tous mes doutes; je vous proposeray encore un moyen d'accommodement. Car il n'est pas en cecy comme en fait de Religion, où l'on ne peut rien croire si l'on ne croit tout. Je voudrois donc que vous me laissassiez en ma liberté, & qu'il me fust permis de prendre & de laisser ce que je jugerois de Monsieur Descartes. C'est ainsi que vous en usez vous-mesme : & c'est ainsi qu'en usent les honestes gens, n'y ayant rien de plus méprisable que cet entestement ridicule de certaines gens, qui pensent tout de bon que Monsieur Descartes est infaillible, & qui ont compassion de ceux qui ne se declarent pas hautement pour tout ce qui a esté avancé par cet Autheur, ou qui n'ont pas la derniere admiration pour la moindre de ses pensées. Ils se flattent d'avoir dans leur party de grans Genies & des personnes de la plus haute qualité. Mais ils se méprennent assurément, & ne font pas assez de reflexion que ce sont deux choses que d'entendre Descartes, & d'estre Cartesien. Ces grans esprits & ces personnes illustres en naissance prennent plaisir à sçavoir ce qu'on dit; ils entendent cette nouvelle doctrine infiniment mieux que ceux qui font profession de la suivre ou de l'enseigner: Mais ils sont bien au dessus de ces bassesses & de ces emportemens où l'on voit ceux qui ne prennent pas ces choses comme il faut. Laissez-moy donc la liberté de choisir ce qu'il me plaira de Monsieur Descartes ; & de cette maniere je pourrois bien m'accommoder de sa Philosophie. Et si autrefois Dieu permettoit aux Hebreux d'épouser leurs captives apres beaucoup de purifications qu'ils pratiquoient, comme pour les laver de tous les restes de l'infidelité ; aussi apres avoir lavé & purifié la Philosophie de Monsieur Descartes : je pourrois bien en épouser les sentimens. C'est la pensée de S. Jerôme qui se sert de cét exemple pour montrer que les Chrestiens peuvent s'accommoder des ouvrages des Philosophes Payens. Je suis

Vostre tres-humble & tres-obeïssant serviteur
R. J.

www.ingramcontent.com/pod-product-compliance
Lightning Source LLC
Chambersburg PA
CBHW051922160426
43198CB00012B/2003